8° R
27484

PROGRAMME

DES

COURS NORMAUX

DE L'ÉCOLE SUPÉRIEURE

DE COMMERCE ET D'INDUSTRIE DE NANCY

RECONNUE PAR L'ÉTAT

27, RUE DES JARDINIERS, 27

Téléphone 3.80

———

NANCY
IMPRIMERIE NANCÉIENNE, 15, RUE DE LA PÉPINIÈRE
1911

PROGRAMME

DES

COURS NORMAUX

DE L'ECOLE SUPÉRIEURE

DE COMMERCE ET D'INDUSTRIE DE NANCY

RECONNUE PAR L'ÉTAT

27, RUE DES JARDINIERS, 27

Téléphone 3.80

NANCY
IMPRIMERIE NANCÉIENNE, 15, RUE DE LA PÉPINIÈRE
1911

ENSEIGNEMENT

L'enseignement comprend deux années d'études normales. Les élèves sont répartis en trois sections, à leur choix, après avoir satisfait aux conditions d'admission :

1º Section Commerce-Banque ;
2º Section Commerce-Industrie ;
3º Section Coloniale.

La section Commerce-Banque convient plus spécialement aux jeunes gens qui, ayant fait des études mathématiques moyennes, se destinent au commerce en général et à la banque.

La section Commerce-Industrie est plutôt réservée aux élèves qui ont fait antérieurement des études scientifiques et mathématiques et qui veulent suivre une carrière industrielle.

La section Coloniale, enfin, sera suivie avantageusement par les jeunes gens qui ont fait des études plutôt littéraires et qui se proposent de s'expatrier ou de se consacrer au commerce international.

Les cours de chacune des trois sections sont indiqué dans les tableaux ci-après.

RÉPARTITION DES MATIÈRES D'ENSEIGNEMENT

Section Commerce-Banque

Facultés.	1re année.		2e année.	
	Nombre d'heures par semaine.	Nombre de leçons par an.	Nombre d'heures par semaine.	Nombre de leçons par an.
Commerce et comptabilité..	6	130	6	130
Mathématiques financières.	3	50	3	25
Première langue	4	130	4	130
Deuxième langue	4	130	4	130
Géographie économique ...	1 1/2	35	1 1/2	45
Eléments de droit public et droit civil	1 1/2	20	»	»
Législation commerciale et maritime	3	40	3	60
Législation industrielle et ouvrière	»	»	1 1/2	16
Législation budgétaire et douanière	1 1/2	20	»	»
Economie politique.......	1 1/2	30	»	»
Etude des marchandises et essais	3	60	3	50
Histoire du commerce	»	»	1 1/2	20
Etude des transports	»	»	1 1/2	15
Outillage commercial	»	»	1 1/2	30
Physique appliquée	1 1/2	25	»	»
Algèbre	1	35	»	»
Sténographie, dactylographie (dactylographie à volonté)	1	35	1	35
Registres de comptabilité ..	Aux heures de liberté, minimum de 4 heures par semaine.			
Rapport de fin d'année	»	»	»	»

Section Industrielle

Facultés.	1re année.		2e année.	
Commerce et comptabilité..	6	130	6	130
Mathématiques financières.	3	50	3	25
Première langue..........	4	130	4	130
Géographie économique ...	1 1/2	35	1 1/2	45
Economie politique.......	1 1/2	30	»	»
Eléments de droit public et droit civil	1 1/2	20	»	»

— 6 —

Facultés.	1re année.		2e année.	
	Nombre d'heures par semaine.	Nombre de leçons par an.	Nombre d'heures par semaine.	Nombre de leçons par an.
Législation commerciale ...	3	40	3	60
Législation industrielle et ouvrière	»	»	1 1/2	16
Sténographie, dactylographie (dactylographie à volonté)	1	35	1	35
Registres de comptabilité ..	Aux heures de liberté, minimum de 4 heures par semaine.			
Rapport de fin d'année....	»	»	»	»
Etude des transports......	»	»	1 1/2	15
Mathématiques générales...	3	60	»	»
Mécanique et éléments de machines	3	50	1 1/2	25
Technologie....	2	30	2	30
Electricité industrielle.....	2	60	1	30
Métallurgie, combustibles, industries régionales.....	1 1/2	35	1 1/2	35
Filature et tissage.........	»	»	1 1/2	30
Dessin (projets)..........	Aux heures de liberté, minimum de 4 heures par semaine.			
Atelier	6	»	6	»

Section Coloniale

Commerce et comptabilité..	6	130	6	130
Mathématiques financières .	3	50	»	»
Première langue..........	4	130	4	130
Deuxième langue.........	4	130	4	130
Géographie économique....	1 1/2	35	1 1/2	45
Etude des marchandises et essais	3	40	2	40
Eléments de droit public et droit civil.............	1 1/2	20	»	»
Législation commerciale et maritime	3	40	3	40
Législation industrielle et ouvrière	3	»	1 1/2	16
Législation budgétaire et douanière	1 1/2	20	»	»
Economie politique.........	1 1/2	30	»	»
Histoire du commerce.....	»	»	1 1/2	20
Outillage commercial......	»	»	1 1/2	15
Physique appliquée.......	1 1/2	25	»	»
Algèbre	1	35	»	»

Facultés.	1re année.		2e année.	
	Nombre d'heures par semaine.	Nombre de leçons par an.	Nombre d'heures par semaine.	Nombre de leçons par an.
Sténographie, dactylographie (dactylographie à volonté)	1	35	1	35
Registres de comptabilité ..	Aux heures de liberté, minimum de 4 heures par semaine.			
Rapport de fin d'année.....	»	»	»	»
Législation et économie coloniale	1	20	1	25
Histoire et géographie coloniale	1	20	1	22
Agronomie et productions coloniales	1	20	1	25
Hygiène coloniale.........	1	8	1	12

COURS NORMAUX

(Arrêtés ministériels des 10 mai 1897 et 13 juillet 1910)

Section Commerce-Banque

COMMERCE ET COMPTABILITÉ

(Deux années)

L'enseignement des notions de Commerce, de l'Arithmétique et de l'Algèbre appliquées au Commerce, et de la Comptabilité, sera simultané : il sera à la fois théorique et pratique, et le professeur devra recourir à de nombreux exercices d'application.

Au cours des explications sur le Commerce, il placera sous les yeux des élèves les spécimens des divers documents commerciaux qu'il étudiera.

Dans les leçons d'Arithmétique et d'Algèbre appliquées au Commerce, une part devra toujours être réservée aux exercices pratiques de calcul rapide (mental et écrit).

L'exposé théorique de la Comptabilité sera accompagné, en première année, d'une tenue de livres pratique et complète, et, en seconde année, de l'établissement de monographies développées.

Première année

I. — NOTIONS DE COMMERCE ET ÉTUDE DES DOCUMENTS COMMERCIAUX

Commerce. — Du commerce en général. — Commerce de gros et demi-gros; commerce de détail. — Commerce intérieur; commerce extérieur. — Importation, exportation.

Commerçants. — Fabricants. — Négociants. — Banquiers. — Agents de change. — Coulissiers. — Remisiers. — Courtiers en marchandises. — Courtiers maritimes. — Commissionnaires. — Représentants. — Entrepositaires. — Voyageurs de commerce en France et à l'étranger.

Echanges. — Echange en nature. — Echange commercial : achat et vente au comptant, avec ou sans escompte. — Achat et vente à terme, ou en compte, avec ou sans intérêt. — Art d'acheter ou de vendre : principes généraux. — Connaissance des marchandises. — Connaissance des besoins. — Connaissance des marchés et des débouchés. — Supputation du bénéfice présumé.

Documents relatifs aux échanges. — Ordres d'achat. — Ordres de vente. Facture. Note. Quittance. — Mémorandum. — Bon de commission. — Bon de livraison. — Bon de réception. — Cartes d'échantillons. — Echantillonnage spécial au commerce d'exportation. — Etiquetage. Divisibilité des produits. Cartes assorties. — Livres de contremarques et de références.

Règlement des échanges. — De la monnaie. Du billet de banque. Du papier-monnaie. — Du chèque. — Du billet à ordre. — De la lettre de change. — Du mandat. — De la délégation. — De la lettre de crédit. — Du virement.

Règlements au comptant et à terme. — Modes de recouvrement à l'étranger. Opérations d'importation et d'exportation combinées.

Transports. — Transports par voiture. Transports par chemin de fer. Transports par canaux et rivières. — Transports par mer. — Emballages des marchandises expédiées. — Formalités d'expédition. — Assurances.

Lettre de voiture. — Note ou bordereau d'expédition. — Connaissement. — Tarifs divers d'expédition. — Tarifs des assurances.

Douanes et régie. — Mode d'acquittement des droits de douane et de régie. — Régime des boissons. — Acquit-à-caution. — Documents divers.

Entrepôts. — Docks. — Magasins généraux. — Leur fonctionnement. — Warrants et récépissés. — Ventes en entrepôts. — Ventes publiques, etc.

Notions de gestion commerciale et industrielle. — Organisation d'une maison de commerce : ordre, économie. — Du capital nécessaire aux entreprises. Nécessité de le bien déterminer. Capital immobilisé. Capital roulant. — De la matière première. De la marchandise. Des provenances. Des débouchés. — De la main-d'œuvre. — Des frais généraux: frais généraux fixes et frais généraux variables. Importance de l'estimation exacte de ces frais. Leur influence sur les prix de revient suivant le chiffre d'affaires du commerçant ou du fabricant. — Du rôle de la comptabilité. Contrôles et statistique qu'elle donne. Détermination exacte des prix de revient. Permanence de l'inventaire par les comptes. — De la conduite des affaires. Des conditions morales et matérielles qui préparent leur réussite. — Du crédit et de ses moyens d'action. — De la publicité; utilité, modes divers; leurs avantages et leurs inconvénients. — Du rôle des intermédiaires.

Des devoirs de l'employé, du commerçant, de l'industriel, de l'administrateur, du commanditaire, du commissaire aux écritures, de l'actionnaire.

II. — ARITHMÉTIQUE ET ALGÈBRE APPLIQUÉES AU COMMERCE

Calcul mental, calcul rapide. — Exercices quotidiens. — Etude des moyens abréviatifs des opérations arithmétiques.

Intérêt, escompte, commissions. — Définitions de l'intérêt. — Exercice par la méthode des nombres et des diviseurs. — Exercices par les parties aliquotes. — Définition de l'escompte. — Escompte en dedans, escompte en dehors. — Echéances moyennes. — Echéance commune. — Confection de bordereaux d'escompte, calculés à différents taux. — Des commissions. Manière de les calculer et de les appliquer aux bordereaux d'escompte et d'encaissement, au moyen des tarifs de banque. Rapports des commissions et des intérêts: tables de comparaison à établir. — Exercices de calcul sur les intérêts composés.

Comptes courants et d'intérêts. — Définition du compte courant et d'intérêt: calcul par les nombres et par les parties aliquotes. — Méthode hambourgeoise. Règle de cette méthode. Avantages qu'elle présente. — Méthode directe. Règle de cette méthode avec et sans intérêts ou nombres rouges. Avantages. — Méthode indirecte ou rétrograde. Règle et avantages de cette méthode. — Exercices pratiques sur les trois méthodes. Diverses sortes de comptes courants: 1º comptes courants calculés et arrêtés à chaque changement de taux de l'intérêt; 2º comptes courants calculés et arrêtés à époques fixes à taux uniforme de l'intérêt, ta[nt] au débit qu'au crédit; 3º comptes courants calculés et ar[rê]tés à époques fixes et à taux d'intérêt différentiel ent[re] le débit et le crédit; 4º comptes courants calculés et arrêt[és] à chaque mouvement de débit ou de crédit. — Exercic[es] pratiques avec applications de différentes commissions de changes de place.

Des divers systèmes de poids, mesures et monnaies. Exposé des principaux systèmes. — Comparaison avec [le] système métrique. — Réduction des monnaies étrangè[res] en francs et *vice versa*. — Valeur au pair intrinsèq[ue,] valeur au tarif et valeur commerciale des monnaies. Emploi de la règle conjointe.

Du prix de revient et des parités en marchandises. Comptes simulés d'achat et de vente. Facteurs du prix [de] revient par devis. — Du calcul des frais. — Manière de grouper. — Constructions des échelles de revient et mani[ère] de s'en servir. — Parités brutes. — Parités nettes. Parités de poids. — Parités de prix. — Utilité de ces pari[tés] pour savoir s'il y a lieu d'acheter ou de vendre à l'étran[ger.] — Application à différentes opérations sur marchandi[ses.]

Algèbre. — Application de l'algèbre à la solution [des] problèmes d'intérêt, d'escompte, de mélange, de parta[ge,] de réduction de monnaies.

III. — COMPTABILITÉ

Éléments et théorie générale de la comptabilité

Principaux termes de comptabilité. — Doit. — Avoir. Débit. — Crédit. — Entrée. — Sortie. — Comptabilité. Tenue des livres. — Définitions. — Diverses sortes de co[mp]tables.

Du compte. — Définition du compte. — Manière de poser un compte. — Compte qui reçoit et compte qui do[nne.] Le livre ou compte de caisse pris pour exemple. — Exerc[ices] pratiques.

Des pièces justificatives des mouvements de recette e[t de] dépense. — Arrêt et réouverture du compte de caisse[. —] Jeu de concordance du compte qui reçoit et du compte [qui] donne. — Inscription inverse des mouvements dans [les] comptes intéressés.

Comptes impersonnels, représentant les valeurs con[sti]tuant l'inventaire des entreprises. — Comptes person[nels] représentant les tiers débiteurs ou créanciers des entreprises.

Du journal. — Définition. — Disposition du journal. — Formules des écritures du journal. — Journal unique. Journal divisé. — Modes divers de division du journal. — Journaux auxiliaires ou analytiques des mouvements d'entrée et de sortie de caisse, de portefeuille, de magasin, d'atelier, etc., et de transactions par écritures. — Journal général ou synthétique. Modèles. — Formules d'articles récapitulant les mouvements des journaux auxiliaires sur le journal général. — Exercices pratiques avec pièces comptables. — Utilité d'additionner les journaux auxiliaires et le journal général.

Du grand-livre. — Définition. — Disposition du grand-livre. — Grand-livre unique. — Grand-livre divisé. — Grand-livre général ou synthétique; grand-livre auxiliaire ou analytique. — Modèles.

Rapports du journal et du grand-livre. — Exercices pratiques d'ouvertures de comptes et de reports d'écritures des journaux aux grands-livres. — Précautions à prendre pour éviter les erreurs. — De la concordance du journal général et du grand-livre général. — De la concordance du grand-livre général et des grands-livres auxiliaires.

Des comptes collectifs. — Définition. — Utilité des comptes collectifs pour contrôler les collections de comptes ouverts dans les grands-livres auxiliaires et pour simplifier la balance des comptes.

Balance des comptes. — Définition. — Concordance des écritures des journaux et des comptes des grands-livres, obtenue par la balance des comptes. — Balances périodiques. — Balances quotidiennes. — Utilité de la fréquence des balances. — Modèle de balance du grand-livre général, avec et sans comptes collectifs. — Modèle de balance du grand-livre général, avec classification méthodique des comptes.

Du chiffrier-balance. — Définition. — Son fonctionnement, son utilité pour l'obtention des balances dans les entreprises ayant un grand nombre de comptes. Balances quotidiennes obtenues au moyen du chiffrier-balance, quel que soit le nombre des comptes.

Division et classification des comptes. — Des différentes espèces de comptes. Nécessité d'une classification. — Expression mathématique des opérations commerciales. — De la classification rationnelle qui en résulte : comptes lu capital nominal. — Comptes des valeurs ou moyens d'action des entreprises. — Comptes des personnes débitrices ou créditrices. — Comptes des résultats d'exploitation. — Permanence de l'inventaire.

Analyse des diverses séries de comptes. — Comptes du capital nominal des entreprises : Capital-actions. Capital-obligations. Réserves. Amortissements divers.

Comptes des valeurs composant l'inventaire des moyens d'action des entreprises (au prix de revient de ces valeurs).

a) *Valeurs immobilisées* : Fonds de commerce. Apports. Frais de constitution. Brevets. Immeubles. Mobilier. Matériel.

b) *Valeurs disponibles* : Argent. Effets à recevoir. Titres divers. Matières premières. Magasins de ventes.

c) *Valeurs engagées* : Fabrications. Constructions. Spéculations. Participations. Commandites. Agences. Cultures, etc.

Comptes des personnes débitrices ou créditrices (au prix d'achat ou de vente).

Comptes des résultats (débités ou crédités des différences entre le prix de revient ou de vente). — Comptes de ventes. — Profits et pertes accidentels. — Résultats d'opérations diverses. — Frais généraux. — Compte de l'exercice.

Inventaire. Bilan. — Balance d'inventaire avec classification des comptes. — Inventaire d'ordre ou récolement des existants. — Bilan. — Livre des balances. — Livre des inventaires.

Deuxième année

I. — NOTIONS DE COMMERCE ET ÉTUDES DES DOCUMENTS COMMERCIAUX

Banquiers. — Utilité des banquiers et des banques de crédit. Opérations usuelles de banque : escompte et encaissement des effets de commerce, des factures, quittances, etc. — Dépôts d'argent, de titres, de valeurs précieuses. — Avances sur titres, sur marchandises, sur nantissements divers. — Payement de coupons. — Ouvertures de crédit. — Délivrance de chèques, de mandats, de lettres de crédit, etc.

Chambres de compensation et caisses de liquidation. Fonctionnement pratique. — Clearing-house de Londres.

Bourses. — Etude appliquée et pratique de leur fonctionnement.

Bourse des marchandises. — Affaires qui s'y traitent. — Opérations au comptant. — Opérations à terme. — Marché en spéculation. — Mercuriales. — Filière; arrêter la filière; primes pour lever, primes pour livrer, double prime ou option; cote des marchandises.

Courtiers de marchandises. — Caisse de liquidation. Son fonctionnement.

Bourse des valeurs. — Examen de la cote : fonds d'Etat; actions de capital; actions de jouissance. Obligations. Parts. Bons. — Titres au porteur; titres nominatifs. — Transfert. — Conversion.

Des différents placements : *Placements à revenus fixes.* — Rente française. — Fonds publics étrangers. — Obligations françaises et étrangères. — Actions privilégiées. — *Placements à revenus variables.* — Actions des Sociétés de crédit, des chemins de fer, des entreprises industrielles. — *Placements à revenus fixes et à lots.* — Obligations du Crédit foncier de France, de la Ville de Paris, etc. — *Placements temporaires.* — Reports. — Bons du Trésor. — Caisses d'épargne. — Compte courant de dépôt dans les banques.

Opérations au comptant. — Opérations à terme. — Opérations au comptant et à terme combinées. — Marchés fermes, marchés à primes; échelles de primes, réponse de primes; liquidations; report, déport; escompte; cours de compensation.

Assurances. — Examen pratique des différents modes d'assurances : assurance sur la vie, contre l'incendie, contre les accidents. — Assurances sur les marchandises; assurances maritimes.

Syndicats d'affaires. — Groupements de capitaux en vue d'opérations commerciales, financières, industrielles ou agricoles, en France et hors de France.

II. — ARITHMÉTIQUE ET ALGÈBRE APPLIQUÉES AU COMMERCE

Opérations de bourse. — Calculs sur les opérations de bourse au comptant; achats, ventes, arbitrages de valeurs, calcul de ces opérations. Frais dont il faut tenir compte. — Calcul sur les opérations à terme : achats, ventes, marchés fermes, marchés à primes, marchés combinés, échelles de primes.

Calcul sur les opérations à la Bourse des marchandises. — Opérations au comptant : achats et ventes, frais. — Opérations à terme : achats et ventes. — Filières.

Opérations de banque. — *Métaux précieux.* — Calcul sur les alliages. — Cote de l'or et de l'argent. — Calculs de la valeur d'un lingot à Paris et à Londres.

Gold points. — Parités de l'or, Parités des livres sterling, des rm., des fl., des kr. et des dollars.

Changes. — Définition du change. — Lecture de la cote. — Valeurs se négociant à trois mois. — Valeurs se négociant à vue. — Places donnant l'incertain et places donnant le certain.

Exercices de calcul sur les changes. Moyens théoriques, moyens pratiques. — Emploi de la règle conjointe. — Application de l'algèbre. — Nivellement du cours des changes.

Arbitrages. — Définition. — Position de débiteur : moyens d'acquitter sa dette. — Position de créancier : moyens de recouvrer sa créance. — Des spéculateurs ou arbitragistes. — Calculs d'arbitrages sur les fonds de l'Etat et autres valeurs de bourse.

Cotes chiffrées. — Définition. — Utilité des cotes chiffrées. — Cotes des diverses places chiffrées à Paris. — Problèmes et opérations sur ces diverses cotes. — Cotes chiffrées dans les places étrangères. Conjointes et parités. Calculs d'opérations simulées.

Ordres de banque. — Décomposition des ordres de banque en deux parties : 1º Ordres de banque de l'étranger transmis à Paris; 2º Ordres de banque de Paris transmis à l'étranger. — Eléments dont se composent les ordres de banque : 1º limite; 2º prix d'achat des valeurs demandées; 3º prix de vente des tirages. — Arbitrages et parités de ces trois éléments. — Détermination du bénéfice ou de la perte sur l'opération. — Frais dont il faut tenir compte dans les arbitrages : timbre, courtage, transport, assurance. — Indication détaillée de ces divers frais pour les principaux pays financiers et frais qui s'ajoutent au prix d'achat ou se retranchent du prix de vente.

III. — COMPTABILITÉ

Revision et mise en pratique du cours de 1re année à l'aide de monographies.

Pour les deux années du cours de Comptabilité :

Applications. — Monographies.

Organisation des livres et des comptes. — Principes généraux d'organisation des livres et des comptes des capitalistes, des commerçants, des industriels et des agriculteurs.
Ouverture des livres des diverses Sociétés : Sociétés en nom collectif ; Sociétés en commandite simple ou par actions ; Sociétés anonymes ; Sociétés coopératives ou à capital variable ; Sociétés civiles ; Sociétés de secours mutuels ; participations. — Fonctionnement des diverses séries de comptes de la nomenclature. Utilité des comptes d'ordre dans chaque série.

Comptabilité privée. — Inventaire d'entrée donnant la composition du capital au début de l'exercice. Ouverture des comptes faite conformément à cet inventaire et dans l'ordre d'une classification rationnelle. Opérations d'une période comprenant : dépenses, recettes, achat et vente de titres, gestion d'un immeuble, commandite d'une entreprise, etc. — Inventaire des comptes déterminant la situation d'un capital en fin d'exercice. — Bilan.

Comptabilité commerciale. — Inventaire d'entrée donnant la composition du capital au début de l'entreprise ou de l'exercice. Ouverture des comptes faite conformément à cet inventaire et dans l'ordre d'une classification rationnelle. — Suite d'opérations commerciales comprenant : achats, ventes, retours, règlements divers au comptant, à terme, en compte ; consignations ; affaires de participations ; compte courant chez le banquier, etc. — Fonctionnement des comptes d'achat, des comptes de magasin et des comptes de ventes. — Frais généraux. — Dépouillement statistique de ces frais, soit dans le grand-livre auxiliaire, soit au moyen d'un tableau synoptique. — Répartition des frais généraux dans les comptes d'achats. — Amortissement annuel des valeurs immobilisées. — Inventaire des comptes déterminant la situation du capital en fin d'exercice. — Bilan. — Livre des inventaires.

Comptabilité industrielle. — Inventaire d'entrée donnant la composition du capital au début de l'entreprise ou de l'exercice. — Ouverture des comptes faite conformément à cet inventaire et dans l'ordre d'une classification rationnelle. — Organisation des livres et des écritures en raison de la division du travail industriel et en vue de l'obtention méthodique du prix de revient des objets fabriqués.

Achats des matières premières en France ou à l'étranger : Comptes d'achats et comptes de magasin de matières premières, débitées au prix de revient moyen des achats. — *Fabrication* ou transformations successives de la matière première : Comptes de fabrication (un compte de fabrication pour chaque degré de transformation de la matière). — Répartition périodique de la matière première, de la main-d'œuvre et des frais généraux, dans les comptes de fabrication. — Détermination du coefficient de répartition des frais généraux. — *Objets fabriqués* : Comptes de magasin d'objets fabriqués, recevant ces objets des comptes de fabrication au prix de revient final. — *Ventes* : Comptes de ventes, débités au prix de revient, crédités au prix de vente. — Autres comptes de résultats : Profits et pertes accidentels, résultats d'opérations diverses, commissions, etc. — *Clôture de l'exercice* : Inventaire du matériel, du mobilier, des immeubles, de la caisse, du portefeuille, des matières premières, des matières en fabrication et des matières fabriquées. — Amortissements divers. — Inventaire des comptes. Régularisations. Détermination des résultats et de la situation du capital en fin d'exercice. — Bilan. Livre des inventaires.

Monographies. — Comptabilité d'une banque avec comptes relatifs aux opérations d'achat et de vente de matières d'or et d'argent, de changes et d'arbitrages, d'émissions de titres, de participations financières. — Comptabilité d'un commissionnaire. — Comptabilité d'un armateur. — Notions sur la comptabilité d'une Compagnie de chemins de fer ; sur la comptabilité d'une Compagnie d'assurances ; sur la comptabilité d'une Caisse d'épargne. — Notions sur la comptabilité agricole.

Correspondance commerciale

Première et deuxième années

Nécessité de traiter les affaires par correspondance, afin de toujours trouver trace des opérations.

Du style de la correspondance commerciale. — Exercices. — Enregistrement et classement du courrier. — Copie de lettres et livre de départ du courrier. — Livre des plis chargés.

Nota. — Chaque élève, dans les exercices pratiques, sera censé représenter une maison de commerce, dont il tiendra la comptabilité et fera la correspondance.

LANGUES ÉTRANGÈRES

(Deux années)

Langue anglaise......	1re année : 165 leçons.
Langue allemande....	2e année : 165 leçons.
Langue espagnole....	1re année : 90 leçons.
	2e année : 90 leçons.

Les élèves ont dû prouver, au concours d'admission, qu'ils étaient en état de traduire couramment un texte anglais, allemand ou espagnol. Ils continuent donc à l'École les études qu'ils ont commencées, et sont tenus d'apprendre deux langues au moins, à leur choix.

MATHÉMATIQUES FINANCIÈRES

(Deux années)

Première année : 50 leçons

Intérêt simple. — Formule générale. — Méthode des nombres et des diviseurs, des parties aliquotes du taux, des parties aliquotes du temps, des parties aliquotes du capital. — Partage en parties proportionnelles. — Règles de société

Escompte. — Différentes espèces d'escompte. — Résolution et discussion des différents problèmes sur l'escompte. — Escompte à la Banque de France. — Méthode de Thoyer. — Perfectionnements introduits par Cauchy.

Comptes courants et d'intérêts. — Examen sommaire des

trois méthodes : 1° directe; 2° indirecte ou rétrograde; 3° hambourgeoise ou à échelle.

Métaux précieux et système monétaire. — Alliages; problèmes relatifs aux alliages. — Monnaies; fabrication; tolérance; système monétaire de la France; Union latine; systèmes monétaires des pays qui ne font pas partie de l'Union. — Rapports des valeurs de l'or et de l'argent : 1° rapport légal; 2° rapport commercial.

Opérations de bourse. — Modes d'emprunt des gouvernements. — Souscriptions nationales. — Rentes sur l'Etat. — Grand-livre de la dette publique. — Dette flottante et dette consolidée. Bons du Trésor. — Budget. — Amortissement. — Conversions. — Actions. — Obligations de chemins de fer et autres Sociétés. — Actions de jouissance.

Bourses. — Bourse de Paris. — Agents de change. — Valeurs admises à la cote. — Valeurs en Banque. — Cours de la Bourse et de la Banque.

Courtage. — Couverture. — Impôts. — Timbre.

Opérations au comptant. — Placement de fonds. — Ventes de titres. — Arbitrages sur les diverses valeurs.

Marchés à terme ferme. — Escompte.

Marchés à terme et à prime.

Réponse des primes. — Liquidation.

Report ou déport du comptant.

Report d'une liquidation à une autre.

Combinaisons diverses des opérations à terme ferme et des opérations à terme et à prime.

Echelle de primes.

Bourses de commerce. — Affaires qui se traitent à la Bourse de Paris.

Filière. — Arrêter la filière. — Mode de liquidation.

Primes pour lever. — Primes pour livrer. — Double prime ou option.

Change. — Définition du change. — Son origine.

Lettres de change. — Change intérieur. — Change extérieur. — Chèques. — Versements.

Papier long et papier court. — Escompte. — Cote des changes.

Places qui donnent le certain et places qui donnent l'incertain.

Explication de la cote des changes de Paris et des cotes des places cambistes étrangères.

Définition des arbitrages.

Arbitrages directs et arbitrages indirects.

Explications et applications de la règle dite conjointe ou chaîne.

Construction des tables de parités.

Nombreux exercices sur les arbitrages entre les places de Paris, Londres, Amsterdam, Berlin, etc.

Arbitrage des matières métalliques, principalement entre les places de Londres et de Paris.

Arbitrages sur fonds publics. — Reports.

Théorie des opérations financières à long terme

Intérêts composés. — Définition et formule fondamentale. — Étude et discussion des deux conventions suivant lesquelles on peut estimer la valeur d'un placement à intérêts composés, lorsque la durée est exprimée par un nombre fractionnaire. — Généralisation de la théorie des exposants. Notions sur les taux équivalents. — Formule exponentielle applicable à tous les cas. — Formules du taux instantané et de l'intérêt continu appliquées par les actuaires français et les anglais.

Solutions générales des problèmes d'intérêt composé. — Calculs pratiques. — Usage des tables de logarithmes et des tables numériques de Violeine, Péreire, etc. — Règle à calculs.

Recherche du temps nécessaire pour doubler, tripler, etc., un capital placé à intérêts composés.

Valeur actuelle d'un capital payable à terme. — Escompte. — Divers modes d'escompte. — Comparaison et discussion. — Échéance moyenne de plusieurs capitaux payables à différentes dates, en tenant compte des intérêts composés.

Rentes. — *Annuités.* — *Payements périodiques.* — Définitions et exemples. — Distinction des rentes limitées ou perpétuelles, immédiates ou différées. — Valeur à une époque fixée, et d'après un taux d'intérêt déterminé, d'une suite quelconque de payements périodiques. — Constitution d'un [cap]ital définitif par annuités. — Formule générale des [ann]uités. — Calcul des divers éléments. — Étude spéciale [des] difficultés que présentent la recherche du taux dans les [pro]blèmes d'annuités. — Solutions algébriques et solutions [pra]tiques approximatives. — Formule de F. Baily, de [Bir]cham, etc.

[A]nnuités ou rentes à termes variables. — Étude des [cas] principaux. — Rentes variant suivant la loi d'une progression arithmétique ou d'une progression géométrique.

Amortissement des emprunts par annuités. — Relations générales entre le capital, l'annuité, le taux d'intérêt et le temps.

Relations entre le taux d'intérêt et le taux d'amortissement. — Formules et tables.

Emprunts publics contractés par l'émission d'obligations. — Constructions des tableaux d'amortissement.

Etude des différentes complications qui peuvent se rencontrer dans la pratique de l'amortissement.

Nombreux exemples tirés des emprunts publics contractés soit en France, soit à l'étranger.

Choix de problèmes sur les opérations financières à longue échéance.

Probabilités. — *Chances et risques.* — Premières notions sur le calcul des chances. — Loteries publiques. — Valeur actuelle d'une somme dont le payement est aléatoire. — Probabilité composée. — Répétition des épreuves. — Loi des grands nombres. — Théorème de J. Bernoulli.

Application des notions du calcul des probabilités à l'étude des lois de la mortalité humaine.

Durée de vie probable. — Probabilité de survie.

Etude des risques des propriétés et des marchandises.

Deuxième année

Application de la théorie mathématique des opérations financières

Fonds d'Etat français et étrangers. — Notice historique sur les fonds publics français. — Rentes d'Etat. — Emission. — Négociation. — Calculs de précision relatifs aux divers types des rentes. — Rentes perpétuelles et rentes amortissables. — Calculs des parités.

Etude des fonds publics dans les pays étrangers : Angleterre, Allemagne, Amérique, etc.

Valeurs industrielles. — *Compagnies de chemins de fer.* — Rapports financiers entre l'Etat et les grandes Compagnies de chemins de fer. — Conventions de 1859 à 1868 et modifications ultérieures. — Produit net réservé. — Mécanisme du déversoir. — Garantie d'intérêts et subventions allouées par l'Etat. — Conventions de 1883. — Conséquences pour l'évaluation du prix des obligations et actions de chemins de fer. — Actions de capital et actions de jouissance. — Etude des diverses questions relatives à la dissolution d'une Société industrielle.

Emprunts-loteries. — Etude spéciale des emprunts de la Ville de Paris.

Applications des principes du calcul des probabilités à l'estimation des chances de loterie, des chances ou risques de remboursement.

Analyse des divers systèmes d'emprunts-loteries pratiqués soit en France, soit à l'étranger.

Opérations financières à long terme des grands établissements de crédit. — Sociétés de crédit foncier. — Statuts et opérations du Crédit foncier de France. — Conditions des prêts hypothécaires et des prêts consentis aux communes et aux départements.

Obligations foncières et communales. — Banques hypothécaires en Allemagne, Autriche, Hongrie. — (Renten-Rechnung bei anticipativer Verzinsung). — Crédit foncier et agricole d'Algérie. — Crédit foncier colonial.

Etude des opérations des Sociétés de crédit foncier dans les autres pays.

Opérations de haute banque relatives aux émissions publiques. — Emissions d'obligations en représentation des prêts consentis par les grands établissements de crédit. — Conversion d'un emprunt déterminé en un autre emprunt pour lequel les conditions d'intérêt et d'amortissement sont différentes. — Distinction du capital nominal et du capital réel, du taux nominal et du taux réel. — Prix de revient des obligations et bénéfices du banquier contractant. — Prix moyen, d'après un taux déterminé, des titres d'un emprunt défini, à une époque quelconque, en tenant compte de toutes les conditions relatives au payement des coupons d'intérêt, prix et primes de remboursement.

Opérations des Compagnies d'assurances. — Exposé des principes mathématiques sur lesquels sont basés les tarifs d'assurances sur les personnes et sur les marchandises. — Assurances contre l'incendie, contre les risques de transports et accidents de toute nature.

Rentes viagères sur une ou plusieurs têtes. — Etude critique des anciennes et des nouvelles méthodes de calcul qui servent de base à l'établissement des tarifs.

Assurances en cas de décès. — Détermination de la prime unique, de la prime annuelle.

Assurances mixtes. — Assurances à terme fixe.

Rentes de survie.
Réserves des assurances.
Assurances garanties par l'Etat. — Caisses des retraites. — Conditions spéciales et tarifs. — Sociétés de secours mutuels.
Analyse sommaire des principaux ouvrages publiés soit en France, soit à l'étranger, sur la théorie mathématique des opérations financières.

ÉTUDE DES MARCHANDISES

(Deux années)

Les industries de la région de l'Est seront étudiées tout spécialement et les cours seront complétés par des visites industrielles suivies de rapports détaillés que rédigeront les élèves.
Autant que possible, le professeur fera connaître aux élèves le prix moyen des diverses marchandises et leur centre de production.

Première année

Les combustibles

Définition. — Importance industrielle.
Combustibles solides. — Combustibles naturels végétaux (bois, tannée, tourbe).
Combustibles naturels minéraux (lignite, houilles, anthracite).
Combustibles dérivant des combustibles végétaux et minéraux (charbon de bois, de tourbe, de houille ou coke, agglomérés).
Combustibles liquides. — Pétrole, huiles de schiste.
Combustibles gazeux. — Gaz de houille, gaz d'huile, gaz d'eau, acétylène, étude comparative des pouvoirs éclairants.
Sous-produits : goudrons et eaux ammoniacales, etc. Produits et couleurs dérivés du goudron. — Notions de teinture.
(Pour chacune de ces matières, on indiquera les procédés

'extraction ou de fabrication; les sortes, les emplois, la roduction, le commerce; statistique des importations et es exportations, etc.)

Les produits chimiques

Matières premières. — Soufre et pyrites. — Chlorure de odium (sel marin et sel gemme). — Chlorure de potassium. Nitrate de soude ou salpêtre du Chili. — Borate de soude, tc. — Origine. — Extraction. — Emplois. — Commerce, mportations et exportations, etc.

Les acides. — Acide sulfureux. — Acide sulfurique. — cide azotique. — Acide chlorhydrique. — Acide borique, etc. — Procédés de fabrication. — Usages. — Commerce.

Les alcalis. — Potasse et sels de potasse. — Soude et sels de soude. — Ammoniaque et sels ammoniacaux. — Procédés de fabrication. — Emplois. — Commerce.

Autres produits chimiques. — Aluns et sels d'alumine. — Phosphore et produits qui s'y rattachent. — Sulfure de carbone. — Chlorure de chaux. — Sulfites et hyposulfites décolorants. — Iode et iodures. — Brome et bromures. — Matières explosibles : poudres et dynamites. — Procédés de fabrication. — Emplois et commerce.

Produits d'origine minérale

Verrerie et cristallerie. — Matières premières. — Verres à vitres. — Glaces. — Gobeleterie. — Verres de montre. — Verre de Venise. — Verre de Bohême. — Verre de Nancy. — Verre trempé. — Verre à bouteilles.

Cristal.

Verres d'optique. — Strass. — Pierres artificielles. — Emaux.

Fabrication et travail du verre. — Taille et gravure. — Etat économique; centres de production, etc.

Céramiques. — Argile : kaolin; feldspath. — Porcelaines. — Faïences. — Biscuit. — Grès. — Poteries communes. — Terres cuites. — Briques. — Tuiles. — Tuyaux. — Pots à fleurs. — Carreaux mosaïques. — Sortes commerciales. — Fabrication et état économique.

Matériaux de construction

Division en matériaux naturels et matériaux artificiels. — Données statistiques.

Pierres à bâtir et pierres d'ornement. — Gisements. — Exploitation. — Préparation. — Principales espèces. — Emploi.

Briques. — Tuiles. — Carreaux. — Poteries pour construction. — Procédé de fabrication.

Mortiers et bétons. — Chaux. — Ciments. — Pouzzolanes. — Préparation. — Essais.

Plâtres. — Gypse. — Qualités. — Préparation et emploi. — Stuc. — Ciments divers.

Bois. — Statistique forestière. — Exploitation des forêts. — Propriétés, qualités et défauts des bois. — Causes de destruction et procédés de conservation. — Essences diverses. — Emplois : marine, charpente, traverses de chemins de fer, poteaux télégraphiques, étais de mine, sciage, chauffage, menuiserie et ébénisterie, etc. — Commerce des bois.

Engrais et amendements

Définition. — Théorie des engrais. — Engrais végétaux, animaux, minéraux. — Engrais chimiques. — Amendements. — Extraction. — Fabrication. — Commerce.

Produits végétaux ou animaux servant dans les arts et dans l'industrie

Huiles essentielles et essences. — Eaux odorantes. — Extraits. — Préparation. — Applications à la parfumerie. — Commerce. — Essences concrètes. — Camphre. — Extraction. — Commerce et emplois (celluloïd).

Résines molles ou baumes. — Extraction, emplois, commerce. — Résines dures : ambre, gomme laque, gomme copale, gomme damar. — Extraction. — Sortes commerciales. — Emplois. — Vernis.

Gommes résines : caoutchouc et gutta-percha. — Extraction. — Sortes commerciales, emplois, commerce.

Matières colorantes d'origine végétale et animale. —

Sortes commerciales. — Commerce. — Emplois. — Leur application à la teinture. — Impression.

Produits d'origine végétale

Textiles d'origine végétale. — Lin. — Chanvre. — Rouissage et teillage.
Abaca. — Jute. — Phormium. — Pitte. — Coton. — Ramie.
Culture. — Récolte. — Sortes.
Corderie.
Filature et tissage des principaux textiles.
Numérotage des fils.
Tissus. — Etoffes unies, étoffes à armure dessin, étoffes à dessins artistiques, étoffes à fils relevés, étoffes à fils sinueux, étoffes à mailles. — Métiers. — Mise en carte. — Feutres. — Draperie.
Centres de production et de consommation. — Etat économique.

Papier. — Matières premières. — Papier de chiffons et de paille. — Pâte de bois chimique, pâte de bois mécanique. — Apprêts. — Réglure. — Sortes commerciales. — Papier-monnaie. — Pelures, buvards, filtres, emballages, variétés industrielles. — Carton. — Cartes à jouer. — Cartonnages. — Papier parcheminé. — Papiers peints. — Papiers de fantaisie. — Imprimerie. — Gravure. — Reliure.

Substances alimentaires. — *Céréales.* — Blé, riz, maïs, seigle, orge, avoine, sorgho, millet, teff. — Caractères distinctifs. — Composition. — Culture. — Commerce. — Mouture. — Panification. — Pâtes alimentaires. — Fécules.
Législation. — Etat économique.

Sucre. — Canne. — Betteraves, sortes. — Extraction des jus sucrés. — Traitement. — Sucres bruts. — Sortes et usages commerciaux.
Raffinage du sucre. — Lumps, vergeoises, sucre candi, etc. — Mélasses, glucoses, etc. — Législation, marchés, état économique.

Boissons. — *Vins.* — Vigne, culture, maladies. — Préparations des vins rouges, blancs, mousseux, de liqueur, de raisins secs, etc.
Vinage. — Sucrage. — Mouillage. — Plâtrage. — Crus. — Commerce, etc.

Bière. — Sortes. — Fabrication.

Cidres.

Alcools. — Distillation. — Alcools de betterave, de grain de pommes de terre, de mélasse, etc.

Vinaigre. — Acide acétique.

Législation des boissons et état économique.

Deuxième année

Corps gras et industries qui s'y rattachent

Corps gras. — Définition. — Provenances. — Propriétés physiques et chimiques, classification.

Corps gras d'origine végétale. — Graines oléagineuses, fruits oléagineux. — Extraction des huiles fixes d'origine végétale. — Extraction des principales huiles d'origine végétale. — Propriétés. — Emplois. — Provenance. — Commerce. — Importations, exportations.

Corps gras d'origine animale. — Huiles animales proprement dites, huiles de pied de bœuf, d'animaux marins, de poissons. — Extraction, propriétés, emplois. — Commerce. — Graisses. — Propriétés. — Classification. — Sortes commerciales. — Provenances. — Extraction. — Emplois. — Commerce.

Blanc de baleine, cires animales et végétales. — Provenances, emplois, commerce.

Fabrication des savons. — Sortes. — Commerce. — Importations, exportations. — Bougies stéariques. — Chandelles. — Bougies de cire, etc. — Fabrication. — Commerce. — Sous-produits. — Acide oléique. — Glycérine. — Emplois. — Commerce.

Produits végétaux servant comme médicaments excitants, condiments ou aliments

Produits pharmaceutiques (quinquina, quinine, opium, kola, etc.). — Mode de récolte, d'extraction. — Emplois, commerce.

Tabac. — Café. — Thé. — Cacao. — Epices. — Herboristerie.

Fruits et légumes (procédés de conservation).

Produits d'origine animale

1° **Déchets durs.** — *Os.* — Traitement et utilisation.

Bois. — Cerf, daim, élan, etc.

Cornes. — Sortes. — Travail. — Sabots. — Onglons, etc. — Aplatissage des cornes.

Ecaille. — Dépouille. — Travail. — Sortes.

Défenses. — Ivoire. — Dents d'éléphants, hippopotame, morse, cachalot. — Corozo.

Articles de Paris. — Boutonnerie, peignes, tabletterie, etc.

2° **Déchets mous.** — *Peaux.* — Matières tannantes. — Cuirs verts. — Tannage des cuirs forts et des cuirs à œuvre. — Corroierie. — Sortes commerciales. — Hongroierie. — Mégisserie. — Chamoiserie. — Maroquinerie. — Cuirs spéciaux (vernis, chagrin, galuchat). — Parchemin. — Pelleteries et fourrures. — Ouvrages en peaux. — Fabrication de la chaussure.

Colleterie. — Colles-matières. — Colles de Rouen, de Flandre, de Givet, d'Alsace, d'Allemagne, de Paris, etc. — Colle anglaise. — Colle de poisson. — Préparation et usages.

Plumes. — Préparation. — Travail. — Teinture. — Sortes commerciales.

Eponges. — Corail. — Pêcheries.

Textiles d'origine animale. — Poils de chèvre. — Poils de lapin et de lièvre. — Crins. — Cheveux. — Soies de porc et de sanglier. — Brosserie. — Crin végétal.

Soie. — Vers à soie. — Elevage. — Maladies. — Tirage. — Moulinage. — Teinture. — Sortes commerciales.

Laines. — Classification. — Laines françaises et étrangères. — Préparation industrielle des laines.

3° **Produits alimentaires.** — Viandes. — Conserves alimentaires. — Procédés de conservation. — Industrie laitière. — Œufs. — Miel. — Pisciculture.

Les pierres précieuses

Diamants et pierres précieuses. — Origine, lieux de production. — Recherche. — Propriétés. — Emploi. — Commerce.

Métaux

Minerais de fer. — Essais et traitement.

Fontes. — Variétés et propriétés physiques.

Fers. — Affinage et fabrication.

Aciers. — Procédés de fabrication et essais.

Manganèse. — Etat naturel. — Préparation. — Oxyde.

Chrome, nickel, cobalt. — Minerais. — Extraction. — Usages des chromates. — Nickelage. — Bleu de cobalt.

Zinc. — Minerais. — Extraction et travail du zinc. — Usages importants. — Blanc de zinc.

Etain. — Minerais. — Gisements. — Métallurgie. — Propriétés du métal. — Applications nombreuses.

Cuivre. — Gisements. — Provenance. — Grillage et essai des minerais. — Métallurgie. — Alliages industriels.

Plomb. — Principaux minerais. — Extraction. — Emploi — Sels et oxydes. — Céruse. — Litharge.

Antimoine. — Extraction et usages.

Arsenic. — Extraction et usages.

Bismuth. — Préparation. — Propriétés. — Alliages fusibles.

Magnésium. — Fabrication.

Aluminium. — Extraction. — Bronze d'aluminium.

Mercure. — Gisements. — Applications. — Glaces. — Dorures.

Argent. — Minerais. — Lieux de provenance. — Extraction. — Alliages. — Essais. — Importance de ce métal.

Or. — Gisements. — Pépites. — Sables aurifères. — Extraction. — Alliage monétaire.

Platine. — Extraction. — Propriétés. — Usages.

Calcul du prix des différents minerais du commerce.

Calcul de la valeur approximative d'une mine en exploitation ou qui vient d'être découverte.

Nota. — Tous les produits commerçables, qui ne figurent pas dans ce programme résumé, sont traités avec leurs similaires ou leurs dérivés.

ESSAI DES MARCHANDISES, ANALYSES
Falsifications
(Deux années)

Le professeur fera un cours essentiellement pratique, où les élèves seront exercés aux manipulations chimiques correspondant aux essais mentionnés.

Première année

Essai des combustibles. — Houilles. — Pétroles.
Essai des potasses et des soudes et salpêtres. — Alcalimétrie.
Essai d'une chaux, — d'un chlorure décolorant, — d'un manganèse.
Essai des engrais. — Azote. — Acide phosphorique.
Analyse d'un bronze, — d'un laiton, — d'un minerai de fer.
Dosage du plomb dans les étamages.
Essai des matières d'or au touchau. — Essai des matières d'argent.
Analyse des eaux potables et non potables.

Deuxième année

Essai des huiles. — Dosage de l'huile dans une graine oléagineuse.
Analyse d'un savon.
Essai des textiles.
Essai des farines.
Essai des sucres, — du noir animal.
Analyse et falsification du vin, — de la bière.
Essai du lait, — du beurre.
Essai des cafés, — chocolats, — épices.

GÉOGRAPHIE ÉCONOMIQUE

(Deux années)

Caractère du cours

Le cours de Géographie économique porte pour chaque pays *sur les matières suivantes :*

1º *Aperçu très sommaire de la formation territoriale. Population. Notions d'ethnographie. Langues. Religions. Institutions politiques; grandes divisions administratives.*

2º *Configuration générale et nature du sol. Climats.*

2º *Produits de l'agriculture. Elevage du bétail. Exploitation forestière. Régions agricoles. La chasse et la pêche.*

4º *Produits minéraux. Mines et carrières. Salines. Sources minérales. Marais salants.*

5º *Produits manufacturés. Centres d'industrie. Leur origine et leur raison d'être.*

6º *Voies de communication. Les fleuves et rivières navigables. Les canaux. Les routes et les chemins de fer. La navigation maritime. Les ports. La marine marchande. Compagnies de navigation. Services postaux. Services télégraphiques.*

7º *Le commerce extérieur. Principaux marchés. Raisons diverses de leur prospérité. Importations et exportations. Usages du commerce. Etude spéciale du commerce de chaque pays avec la France et des concurrences qu'y rencontre le commerce français.*

8º *Régime douanier. Traités de commerce. Poids et mesures. Monnaies. Institutions de crédit.*

9º *Etat social. Les mœurs et le caractère national.*

Première année

Europe. — France. — Iles-Britanniques. — Empire allemand. — Pays-Bas. — Belgique. — Alsace-Lorraine. — Suisse. — Autriche-Hongrie. — Espagne. — Portugal. — Italie. — Etats danubiens et péninsule des Balkans. — Turquie d'Europe. — Grèce. — Russie. — Etats scandinaves. — Danemark.

Deuxième année

I. **L'Afrique.** — Notions générales. — Les explorations. — La conquête européenne. — La Conférence de Berlin, 1885. — Les traités de 1890. — Grandes lignes de navigation.

La région de l'Atlas.

L'Empire du Maroc.

L'Algérie : géographie physique et économique, peuplement, régime des terres, travaux publics, administration, budget, régime douanier.

La Tunisie : développement de la colonisation, de l'agriculture et du commerce, régime douanier, impôts, fonctionnement du protectorat.

La question religieuse et la question indigène en Algérie et en Tunisie.

La régence de Tripoli.

Le Sahara. — L'Islam et ses confréries religieuses. — Les routes des caravanes. — Les projets de chemin de fer transsaharien.

Les îles de l'Océan Atlantique.

La côte de Guinée et le Soudan.

Le *Sénégal* et le *Soudan français.*

Le Niger et le lac Tchad. — La Compagnie anglaise du Niger. — Les établissements français, anglais et allemands de la côte de Guinée.

Le bassin du Congo et la côte occidentale. — Le Congo français. — L'Etat indépendant. — Les colonies portugaises et l'Ouest allemand.

L'Afrique méridionale. — Le Cap et Natal. — Etat libre d'Orange. — République Sud-Africaine.

L'Afrique orientale. — Le Zambèze. — La Compagnie Sud-Africaine anglaise. — Le Mozambique. — Les grands lacs, les Compagnies anglaises et allemandes. — Zanzibar.

La côte Somali. — Le golfe d'Aden et la mer Rouge. — Possessions anglaises. — Obock. — Les Italiens en Afrique. — L'Abyssinie.

La vallée du Nil. — L'Egypte. — Le canal de Suez.

Les îles de l'océan Indien. — Madagascar. — Les Comores et la Réunion. — Les possessions anglaises.

II. **L'Asie.** — Notions générales, races et religions, divisions politiques, grandes voies de communication terrestres et maritimes.

L'Asie occidentale. — La Turquie d'Asie et l'Arabie.
Le plateau de l'Iran. — Perse. — Afghanistan, Béloutchistan.
L'Asie russe. — Caucasie. — Asie centrale ou Turkestan russe. — Sibérie.
Les possessions anglaises. — L'Empire des Indes. — Ceylan, les Détroits. — Inde française.
L'Indo-Chine. — Birmanie. — Royaume de Siam. — L'Indo-Chine française. — Cochinchine. — Cambodge. — Annam. — Tonkin.
L'Extrême-Orient. — Empire chinois. — Corée. — Japon.

III. L'Océanie. — Notions générales. — Grands voyages d'exploration. — Divisions physiques.
La Malaisie. — Possessions hollandaises, anglaises et espagnoles.
L'Australie britannique. — Australie. — Tasmanie. — Nouvelle-Zélande. — Iles Fidji.
Les possessions françaises. — Nouvelle-Calédonie. — Etablissements français de l'Océanie. — Les Allemands, les Anglais et les Américains dans la Polynésie.
Les îles Hawaï.

IV. L'Amérique. — Notions générales. — Histoire sommaire des découvertes et des voyages au pôle Nord.
L'Amérique du Nord. — Divisions politiques. — Grandes voies de communication transcontinentales et océaniques.
Les possessions britanniques du Nord de l'Amérique. — Puissance du Canada (*Dominion of Canada*). — Terre-Neuve, pêcheries. — Saint-Pierre et Miquelon.
Les Etats-Unis.
Le Mexique.
L'Amérique centrale. — Les cinq Républiques et le Honduras britannique. — L'isthme de Panama.
Les Antilles.
L'Amérique du Sud.
Le Vénézuéla. — La Colombie et l'Equateur.
Le Pérou. — La Bolivie et le Chili.
La République Argentine, le Paraguay, l'Uruguay.
Le Brésil.
Les Guyanes.

HISTOIRE DU COMMERCE

Deuxième année

Intérêt et utilité de cette histoire. — Influence du commerce sur la civilisation et le développement des relations humaines. — Sources de l'histoire commerciale.

Temps primitifs. — Les Egyptiens. — Les Phéniciens. — Les Assyriens. — Les Perses. — L'Inde. — La Grèce. — Rome et Carthage. — La Gaule et la Germanie. — Le commerce du monde à la chute de l'Empire romain. — Les moyens d'échange dans l'antiquité et la marine des anciens.

Les invasions. — Le commerce du temps de Charlemagne. — Foires et marchés. — Invasion arabe. — L'Afrique pendant le moyen âge. — L'Europe du XIIe au XIVe siècles. — Influence des Croisades sur le mouvement commercial du monde. — La Syrie et l'Egypte.

Les cités italiennes au moyen âge. — Venise. — Gênes. — Florence.

Commerce de la France du VIIIe au XVe siècle. — Les foires de Champagne. — Les Flandres. — L'Angleterre et l'Allemagne au XIIIe siècle.

Ligue hanséatique. — Moyens d'échange employés par le commerce au moyen âge. — Lettres de change. — Banques. — Changeurs.

Le commerce de l'Orient après la chute de Constantinople. — Voyages maritimes vers l'Ouest du globe. — Découverte d'un passage vers l'Asie par le cap de Bonne-Espérance. — Découverte de l'Amérique. — Conséquences de ces deux événements pour les relations commerciales du monde.

Renaissance en Europe. — Flandre, Italie, France, Espagne, Portugal, Angleterre et Allemagne.

Etablissement des Européens dans les Indes. — Phases de la conquête. — Les Portugais en Asie. — Conquête des Espagnols dans le Nouveau-Monde. — Décadence de l'Espagne.

Organisation de la conquête. — Les grandes Compagnies. — Les Français et les Anglais aux Indes. — Colonisation de l'Amérique du Nord par l'Angleterre et par la France. — L'esclavage dans les colonies conquises par les Orientaux.

Résultats des découvertes maritimes. — Grandeur de la Hollande. — Changement des routes commerciales. — Naissance d'une législation commerciale. — Colbert et le régime protecteur. — Système colonial. — Les colonies à sucre.

Système financier de Law. — Perte de l'Inde et du Canada.

Émancipation des colonies anglaises de l'Amérique du Nord. — Résultats commerciaux de l'indépendance des Etats-Unis.

Le xviiie siècle et les réformes économiques. Quesnay, Gournay et Turgot. — Tendances libérales en matière commerciales. — Traité de 1786.

La Révolution française et ses conséquences au point de vue du développement de l'industrie et du commerce. — Le tarif de 1791.

Le régime commercial de l'Empire. — Le blocus continental et ses résultats.

Le système protecteur sous la Restauration. — Lois sur les céréales, sur le bétail et sur la métallurgie. — Politique douanière de la Prusse après 1816. — Organisation du Zollverein. — Ses résultats économiques.

Les Pays-Bas, la Russie, la Suède.

La réforme douanière de la Grande-Bretagne. — Cobden, Robert Peel et la Ligue contre la loi des céréales. — Influence de la réforme douanière sur la politique commerciale de l'Europe.

Révolution de 1848 en France. — Lutte des partis sur le terrain des tarifs de douane. — Tendances commerciales du second Empire. — Le régime des traités de commerce inauguré en 1860. — Conséquences de cette révolution économique.

Développement des voies de communication. — Traités internationaux. — Extension des relations commerciales. — Marine marchande.

Le canal de Suez. — Evolution économique et sociale dans les contrées de l'Extrême-Orient. — Commerce de la Chine, du Japon et des Indes. — Australie. — Java. — Indo-Chine.

L'Amérique depuis la guerre de l'Indépendance. — Progrès de son industrie, de son agriculture et de son commerce. — Régime commercial. — Cause de la guerre de Sécession. — Résultats économiques de cette guerre. — Situation actuelle des Etats-Unis au point de vue commercial. — Le Canada. — Le Mexique.

Amérique centrale et méridionale. — Courant commercial et importance croissante du trafic de cette contrée. — Panama.

Le commerce de l'Europe depuis 1870. — Découvertes scientifiques et industrielles. — Développement économique comparé des principaux Etats.

Moyens de solde employés entre les nations pour régler leurs rapports commerciaux. — Développement du crédit, des moyens de communication, des Sociétés financières. — Banques d'émission et de circulation; valeurs internationales. — Clearing-houses. — Les Bourses. — Statistiques.

Tendances colonisatrices des nations européennes. — Leurs causes. — État du commerce international. — Son avenir.

Fondation de comptoirs français aux colonies et à l'étranger. — Étude comparative d'une colonie française et d'une colonie étrangère, au point de vue de l'organisation des comptoirs.

Le commerce africain.

Les nouvelles grandes lignes commerciales du monde; comptoir à créer.

Représentation française à l'étranger. — Consulats. — Colonies dans les grandes villes étrangères. — Explorations et explorateurs. — Rapport des chargés de missions commerciales. — Rapports consulaires. — Propagation de la langue française. — Les Chambres de commerce françaises à l'étranger; leur formation, leur influence.

Expositions et musées commerciaux. — Expositions nationales et internationales. — Récompenses. — Avantages et inconvénients de la participation aux expositions. — Utilité des musées commerciaux. — Musées commerciaux à l'étranger; leur organisation.

DROIT COMMERCIAL

Première année

Notions générales sur le commerce et le droit commercial. — Sources du droit commercial français.

Actes de commerce. — Intérêt à les distinguer (compétence, preuve, etc.).

Commerçants et leurs obligations. — Qui est commerçant. — Capacité (mineurs, femme mariée). — Obligations: Livres de commerce. Publicité du régime matrimonial des commerçants.

Des Sociétés. — Notions générales: Sociétés civiles et Sociétés commerciales. — Sociétés en nom collectif et en commandite simple. — Sociétés par actions. — Généralités sur les actions et les obligations, les titres nominatifs ou au porteur.

Commandites par actions.

Sociétés anonymes. — Sociétés d'assurances à primes et mutuelles.

Sociétés à capital variable (Sociétés coopératives).

Associations en participation.

Sociétés civiles à formes commerciales.

Des Sociétés étrangères en France.

Dissolution, liquidation et partage des Sociétés. — Prescription. — Contestations entre les associés.

De la forme et de la preuve des contrats commerciaux.

De la vente commerciale. — Règles générales. — Intermédiaires employés par des commerçants : fondés de pouvoirs, préposés ou commis. — Commissionnaires et mandataires. Courtiers. — Ventes conditionnelles. — Ventes à terme.

Du gage. — Gage civil et gage commercial. — Règles spéciales au gage commercial. — Des Magasins généraux, des warrants et des récépissés.

Du contrat de transport. — Règles générales. — Du transport par chemins de fer. — Transports par la poste.

De la commission. — Nature, objet et utilité de la commission. — Effets du contrat à l'égard des tiers et entre les parties. — Garanties spéciales.

Tribunaux de commerce. — Elections et éligibilité. — Compétence des tribunaux de commerce. — Procédure devant cette juridiction. — Arbitrage.

Organisation des conseils de prud'hommes.

Bourses de commerce. — Agents de change et courtiers.

Deuxième année

Des effets de commerce.

De la lettre de change. — Son histoire. — Théorie du Code français. — Emission de la lettre de change. — Sa négociation. — Garanties du paiement de la lettre de change. — Du temps et du mode d'exécution de l'obligation. — Recours en cas d'inexécution. — Extinction des actions.

Des chèques. — De leurs caractères distinctifs. — Chambre de compensation de Paris.

Des billets à ordre. — Billets à domicile.

Du recouvrements des effets de commerce par l'Administration des postes en France, en Allemagne et en Belgique.

Billets au porteur.

Opérations de banque. — Prêt. — Escompte. — Ouverture de crédit. — Compte courant.

Liquidation judiciaire. — Quand peut-elle être accordée. — Procédure suivie. — Position du liquidé. — Comment elle se termine.

Faillite. — Déclaration de faillite : conditions, formes et ffets. — Des autorités et des personnes qui figurent dans ıne faillite. — Administration de la faillite et procédure.

Des diverses solutions de la faillite. — Des divers droits qui peuvent être invoqués contre une faillite.

Banqueroute.

Droit commercial comparé

Nécessité d'unifier certaines matières du droit commercial. — Résultats partiels accomplis dans ce sens. — Conventions diplomatiques. — Congrès de droit commercial.

Tableau des législations commerciales actuellement en vigueur dans les principaux pays. — Codes et lois à consulter. — Bibliographie.

Notions générales sur les commerçants. — Leurs signes distinctifs et leurs obligations dans les principales nations marchandes. — Organisation des Tribunaux de commerce. — De la vente commerciale.

Des Sociétés de commerce. — Du régime des Sociétés par actions. — Etude spéciale de la législation anglaise en cette matière. — Condition de droit et de fait des Sociétés fonctionnant hors de leur pays d'origine.

Des effets de commerce, notamment d'après la loi allemande sur le change de 1848, la loi anglaise et la législation scandinave. — Réglementation spéciale du chèque; les banques de dépôt et les Chambres de compensation.

De la faillite dans les principales législations étrangères, particulièrement dans la loi allemande de 1877 et la loi anglaise de 1883. — De la faillite des non-commerçants. — Mesures préventives de la faillite en Belgique, Italie, Espagne, etc.

Accords internationaux à ce sujet.

Nationalité et transmission des navires. — Contrat d'affrétement. — Fret et connaissement. — De l'hypothèque maritime. — Des avaries et de leur règlement. — Assurances maritimes. — Examen spécial de règles d'York et d'Anvers.

Organisation des Tribunaux de commerce. — Pouvoirs judiciaires des consuls. — Leur mission à l'égard des commerçants et en particulier de la marine marchande.

Notions générales sur le droit maritime

Source du droit maritime.

Des navires. — Propriétaires et armateurs. — Droits des divers créanciers : privilège, hypothèques, droit de suite. — Abandon du navire et du fret.

Affrètement ou nolissement.
De la distinction des avaries communes et des avaries particulières.

Du prêt à la grosse. De l'hypothèque maritime.

Assurances maritimes. — Notions générales. — Règles particulières à l'assurance sur corps et à l'assurance sur facultés.

ÉLÉMENTS
DE DROIT PUBLIC ET DE DROIT CIVIL FRANÇAIS

Première année

Organisation des Pouvoirs publics ; pouvoir législatif ; pouvoir exécutif ; promulgation des lois. — Pouvoir judiciaire ; organisation des différentes juridictions. — Représentation commerciale ; Conseil supérieur du commerce et de l'industrie ; Chambres de commerce ; projet de création de Chambres de navigation ; Chambres consultatives des arts et manufactures ; Chambres de commerce françaises à l'étranger. — Consuls.

Des droits civils. — De la nationalité. — De la condition des étrangers en France. — Des actes de l'état civil. — Du domicile. — Du mariage. — De la paternité et de la filiation. — De la puissance paternelle. — De la minorité, de la tutelle et de l'émancipation. — De l'interdiction et du conseil judiciaire.

Des biens meubles et immeubles. — De la propriété et de la possession. — De l'usufruit et des servitudes.

Des divers modes d'acquisition de la propriété. — Des successions. — Des donations entre vifs et testamentaires. — Des contrats et obligations. — De la preuve des obligations.

Du contrat de mariage. — Du louage des choses. — Du dépôt. — Du cautionnement. — Des transactions. — Des privilèges et des hypothèques. — De la prescription.

LÉGISLATION INDUSTRIELLE ET OUVRIÈRE

Deuxième année

Des brevets d'invention. — De la nature du droit consacré au profit de l'inventeur. — Du brevet d'invention, son caractère, formalités, publicité. — De la brevetabilité des inventions. — Déchéances. — Durée et taxe des brevets. — Du perfectionnement. — De l'importation de l'invention brevetée à l'étranger.

Du droit des étrangers. — De la protection provisoire pendant les expositions publiques. — De la propriété de l'invention et du brevet.

Des divers droits dont le brevet peut être l'objet. — De la cession et de la transmission des brevets. — Des concessions de licences. — De la contrefaçon. — De la juridiction et des actions. — Action en nullité. — Action en déchéance. — Action relative à la propriété des brevets. — Action en contrefaçon. — Procédure. — Répression. — Des secrets de fabrique.

Des modèles et dessins de fabrique. — Notions générales sur la propriété artistique.

Des marques de fabrique et de commerce. — Caractère des marques. — Marques facultatives et marques obligatoires. — Propriété. — Transmission. — Dépôt. — Contrefaçon. — Répression.

Du nom commercial. — Des noms de localité (produits venant de l'étranger).

De la concurrence déloyale.

Droits des étrangers en matière de propriété industrielle. — Conventions internationales (Union de 1883, etc.).

Lois concernant les établissements dangereux, insalubres ou incommodes.

Lois concernant les appareils et machines à vapeur

Du contrat de louage de services. — Ouvriers, employés, apprentis.

Syndicats professionnels. — Sociétés coopératives de production, de consommation, de construction et de crédit. — Grèves et coalitions. — Conciliation et arbitrage. — Privilèges relatifs aux salaires; insaisissabilité; modes et époques de paiement des salaires.

Réglementation du travail des enfants, des femmes et des adultes. — Accidents de fabrique, responsabilités; risques professionnels; Sociétés industrielles pour la prévention des accidents. — Lois ou questions législatives concernant les institutions de prévoyance et d'épargne (Caisse des retraites pour la vieillesse, Caisses d'assurances, Sociétés de secours mutuels, etc.). — Notions de législation comparée.

ÉCONOMIE POLITIQUE

Première année

Les matières relatives aux impôts, aux douanes, aux questions ouvrières et aux transports, sont respectivement étudiées dans les programmes de Législation budgétaire et douanière, de Législation ouvrière et de Transports.

Notions préliminaires. — Aperçu des phénomènes économiques. — La science et l'art en économie politique. — La méthode; importance de l'observation, la critique historique, l'expérimentation, la statistique et ses principaux procédés numériques et graphiques.

La production. — Les trois facteurs de la production :

1° Agents naturels. — La terre et la loi du rendement non proportionnel.

2° Le travail. — Division du travail. — Liberté du travail. — Esclavage. — Servage. — Corporations. — Réglementation.

3° Le capital. — Sa formation, son rôle, ses formes diverses. — Les machines; leurs effets.

Classification des industries. — Grande et petite industrie.

1º Industrie agricole : culture extensive et culture intensive ; grande et petite culture ; faire valoir ; fermage, métayage.
2º Industries extractives ;
3º Industrie manufacturière ;
4º Industrie commerciale ;
5º Industrie voiturière.

La circulation. — L'échange et la valeur. — Valeur courante et valeur normale. — La concurrence et les monopoles.

Mécanisme de l'échange. — La monnaie. Les deux rôles qu'elle doit remplir. — Qualités que doit présenter une bonne monnaie. — Les principales monnaies : or, argent, billon. — Traits principaux de l'histoire des métaux précieux et des prix. — Systèmes monétaires. — Cours légal. — Loi de Gresham. — Papier-monnaie. — Dépréciation de l'argent ; ses causes, ses effets. — Silver-Bill américain. — Union latine. Monométallisme et bimétallisme. — Etat actuel de la question dans le monde. — Effets de la dépréciation de la monnaie sur le commerce international.

Le crédit. — Son utilité. — Avantages et garanties offerts par l'emprunteur au prêteur.

Crédit commercial. — La circulation fiduciaire. — Les bourses des effets publics et autres. — Le change. — Les banques : rôle des banquiers, escompte, dépôts, comptes-courants, chèques, virement. — Clearing-house ; banques d'émission ; leurs rapports avec l'Etat ; leur régime dans les principaux pays.

Crédit hypothécaire. — Crédit foncier ; hypothèque maritime. Crédit sur gage. — Prêts sur titre, warrants, Monts de piété.

Crédit agricole.
Banques populaires. — Divers systèmes.

Le commerce. — Commerce intérieur et commerce extérieur. — Rôle des intermédiaires. — Commerce en gros et en détail. — Question des grands magasins de détail. — La spéculation. — L'accaparement.

Loi des débouchés. — Les crises ; théorie des crises.

La répartition. — La propriété individuelle. — Comment elle s'établit. — Ses avantages économiques. — Sa légitimité. — Transmission : dons, vente, héritage. — Le patrimoine commun.

La liberté des contrats. — Rente. — Intérêt. — Baisse de l'intérêt; ses causes et ses effets. — Réglementation de l'intérêt. — Salaire. — Fonds des salaires; productivité du travail. — Les diverses formes des salaires; les primes; la participation aux bénéfices. — Profit de l'entrepreneur.

La consommation. — Consommations productives et improductives. — Economie et prodigalité : luxe. — Absentéisme. — Les consommations publiques.

La population. — Malthus et sa doctrine. — Paupérisme : causes et remèdes. — Epargne. — Assurance. — Assistance.

La colonisation. — Différentes espèces de colonies. — Avantages commerciaux de la colonisation. — Conditions du développement des colonies : préparation, régime des terres, recrutement de la main d'œuvre, régime financier, gouvernement et administration. — Rôle des grandes Compagnies de colonisation. — Coup d'œil sur les divers systèmes adoptés par les principaux peuples colonisateurs.

L'Etat. — Son rôle dans l'ordre économique. — Son intervention. — Réglementation nationale et internationale. — Le socialisme.

LÉGISLATION BUDGÉTAIRE ET DOUANIÈRE

Deuxième année

Législation budgétaire. — Le budget de l'Etat. — Origine et histoire des finances publiques.

Préparation, vote, exécution du budget. — Les crédits extraordinaires et les crédits supplémentaires.

Les dépenses publiques. — Les crédits ministériels, l'administration financière et la comptabilité publique.

Les dettes publiques. — L'amortissement. — Les conversions.

La progression des budgets.

Les ressources du budget.

Revenus publics. — Le domaine public et le domaine privé de l'Etat. — Les chemins de fer.

Les impôts. — Notions générales sur l'impôt. — Sa nature. — Ses caractères et ses conséquences économiques. — Son influence sur l'industrie et le commerce.

L'impôt unique et l'impôt multiple.

L'impôt proportionnel et l'impôt progressif.

L'impôt sur le capital. — L'impôt sur le revenu.

L'impôt direct. — L'impôt indirect. — Les frais de perception.

Les impôts directs : l'impôt foncier, la contribution personnelle et mobilière, l'impôt des portes et fenêtres, les patentes.

L'impôt sur le revenu des valeurs mobilières.

Les impôts sur le luxe.

Les impôts indirects : les droits d'enregistrement et de timbre, les droits de douane, de statistique, etc.

Les impôts de consommation.

Les produits de la poste et les droits sur les transports.

Organisation générale du service des postes, des télégraphes et des téléphones.

Les taxes locales. — Budgets des départements et des communes. — Les octrois.

Les dégrèvements d'impôts.

Organisation financière et législation fiscale des principaux pays étrangers : l'Angleterre, l'Allemagne, l'Autriche-Hongrie, l'Italie, la Russie, la Turquie, les États-Unis d'Amérique, etc.

Législation douanière. — Transformations successives de la législation douanière jusqu'à nos jours. — Régime actuel.

— Les tarifs français. — Les principaux tarifs étrangers. — Traités de commerce en vigueur.

L'Administration des douanes. — Double caractère des droits perçus par elle. — Droits fiscaux. — Droits protecteurs. — Théorie des droits compensateurs.

Tarif général et tarif conventionnel. — Avantages respectifs de ces deux formes de la législation douanière. — Clause de la nation la plus favorisée.

Modes de taxation. — Droits spécifiques. — Droits *ad valorem*. — Drawbacks. — Admissions temporaires. — Primes d'exportation.

Division des droits de douane. — Droits à l'importation. — Droits à l'exportation. — Droits de transit. — Droits accessoires perçus par l'Administration des douanes. Son concours au recouvrement de certains impôts intérieurs.

Mesures de police et de garantie contre la fraude. — Service actif des douanes. — Rayon frontière de terre et de mer.

Indication de la procédure et des voies de recours en

matière de contentieux douanier. — Droits de préemption etc.

Statistiques commerciales. — Commerce général. — Commerce spécial. — Evaluations douanières. — Valeurs officielles. — Valeurs actuelles. — Influence des prix. — Matières premières. — Produits fabriqués.

Régimes spéciaux. — Régimes des colonies. —

Législation douanière des principales industries. — Commerce des grains. — Industries extractives et manufacturières. — Les sucres. — Impôt sur le sel. — Pêches maritimes, etc.

Marine marchande. — Droits différentiels. — Surtaxes de pavillon. — Surtaxes d'entrepôt. — Primes de navigation et d'armement. — Primes à la construction.

Politique commerciale et tarifs douaniers des principaux Etats.

ETUDE DES TRANSPORTS

Deuxième année

Etablissement, entretien et administration des voies d communication. — De la situation juridique des voies de communication. — Domanialité.

Etablissement des voies de communication par l'Etat, les départements ou les communes. — Concessions.

Développement actuel des routes, canaux, voies navigables et ports maritimes. — Dépenses d'établissement et d'entretien.

Historique du réseau des chemins de fer français. — Rapports financiers des Compagnies avec l'Etat. — Chemins de fer de l'Etat. — Chemins de fer d'intérêt local. — Situation actuelle du réseau français.

Du contrôle de l'Etat sur les chemins de fer concédés. — Caractères juridiques des tarifs et conditions de leur établissement.

Etude économique des transports. — De la valeur des transports et du prix de revient.

Influence des péages sur le développement du trafic et l'utilité des voies de communication.

Barêmes et prix fermes; leurs avantages et leurs inconvénients.

Prix des transports par route ou par eau. — Leur mobilité. Importance actuelle du trafic.

Prix de revient des transports par chemin de fer. — [É]lément de variation du prix de revient. — Prix fermes et barèmes. — Courbes représentatives des tarifs. — Importance actuelle du trafic.

De la concurrence en matière de transports, et notamment de la concurrence entre les chemins de fer et la navigation. — Des tarifs dits de *pénétration*.

Etude spéciale des tarifs de chemins de fer. — Généralités [su]r les tarifs de chemins de fer; usage du *Recueil Chaix*. — [B]arèmes et leurs représentations graphiques. — Distance [d']application. — Prix fermes. — Clauses des stations intermédiaires, non dénommées, et soudures. — Tarifs de voyageurs. — Classes, billets d'aller et retour, billets d'excursions, [pla]ces de luxe. — Bagages.

Tarifs généraux de grande et de petite vitesse. — Conditions d'application et délais. — Classification.

Tarif exceptionnel. — Des frais accessoires.

Tarifs spéciaux. — Conditions d'application de ces tarifs.

Factage et camionnage. — Relations des entreprises de [ch]emins de fer avec les autres entreprises de transports.

OUTILLAGE COMMERCIAL

Deuxième année

Notions de mécanique. — Vitesse et accélération. — Force. Masse. — Travail et force vive. — Unités mécaniques. — [É]quivalent mécanique de la chaleur. — Energie : ses transformations et sa conservation. — Sources d'énergie.

Etude des principaux moteurs. — Moteurs animés. — [M]oteurs utilisant la force du vent. — Roues hydrauliques. [T]urbines. — Coefficient pratique de rendement. — Etude [d]étaillée de la machine à vapeur et de ses derniers perfectionnements; générateurs de vapeur; réglementation et [sur]veillance administrative. — Moteurs à gaz et à pétrole. — Moteurs divers. — Organes de transmission et de transformation de mouvement. — Poulies, courroies, engrenages. — Calcul des vitesses différentielles.

Dispositions préventives contre les accidents.

Dynamomètres et indicateurs divers.

Notions de télégraphie. — Principe des télégraphes électromagnétiques. — Lignes aériennes et souterraines. — Etude détaillée du système Morse. — Montage du poste télégraphique; paratonnerre, boussole, sonnerie. — Appareil à cadran. — Comparaison des deux systèmes. — Appareils rapides. — Monopole et irresponsabilité de l'État en matière de télégraphie. — Constitution du réseau français; bureaux dits *municipaux*; sémaphores; réseau pneumatique de Paris. — Taxes. — Communications internationales; lignes terrestres et sous-marines. — Union télégraphique internationale. — Télégrammes chiffrés : cryptographie. — Lignes d'intérêt privé.

Notions de téléphonie. — Description et fonctionnement du téléphone de Bell. — Microphone; description et fonctionnement d'un système microtéléphonique. — Montage des postes téléphoniques. — Effets d'induction entre fils télégraphiques et téléphoniques voisins : moyens de les combattre. — Comparaison des avantages et des inconvénients respectifs du télégraphe et du téléphone. — Monopole de l'État : ses limites. — Organisation de communications téléphoniques à l'intérieur d'une propriété close, entre les différentes parties d'un établissement industriel ou commercial. — Lignes téléphoniques d'intérêt privé. — Réseaux urbains et groupes de réseaux urbains. — Communications téléphoniques à longues distances.

Eclairage électrique. — Notions sur la loi d'Ohm et les unités électriques : *ohm, volt, ampère.* Voltmètres et ampèremètres. — Théorie sommaire de la machine Gramme. — Machines magnéto et dynamo-électriques, à courant continu et à courants alternatifs. Accumulateurs. Lampes électriques à arc; régulateurs; bougie Jablochkoff. — Lampes électriques à incandescence. — Choix à faire entre les lampes à arc et à incandescence, suivant les cas. — Installations électriques. — Coefficient pratique du rendement.

Distribution d'éclairage électrique par courant direct ou par courants transformés. — Eclairage des gares à voyageurs, des halles à marchandises, des grands établissements industriels, commerciaux ou financiers. — Eclairage domestique; étude d'un certain nombre d'installations. — Avantages divers résultant de l'emploi de la lumière électrique. — Prix de l'éclairage électrique comparé à celui du gaz. — Avenir de l'éclairage électrique, sa lutte avec le gaz.

Transport électrique de la force. — Systèmes les plus remarquables. — Essais et applications. — Traction électrique.

Réglementation et surveillance administrative des lignes et usines d'électricité industrielle.

Appareils de levage. — Principes mécaniques. — Machines diverses : leviers, grues, vérins. — Divers types de grues à main ; grues en charpente, grues métalliques, à portées fixes ou variables. — Grues à vapeur avec ou sans engrenages ; grue Chrétien. — Grues roulantes à vapeur ; organisation des transports dans le parc de l'usine du Creusot. — Grues fonctionnant par l'eau sous pression ; système Armstrong. — Treuils roulant à bras et à vapeur employés pour décharger les wagons de chemins de fer ou les bateaux de rivières. — Plans inclinés avec wagonnets.

Chemins de fer. — Comparaison entre la traction d'un véhicule sur une route ordinaire et sur une voie ferrée : nécessité d'adoucir les pentes et les courbes. — Conditions multiples que doit remplir le tracé d'une grande ligne de chemins de fer.

Voie normale à double circulation. — Traverses ; rails en fer et en acier, etc. — Changements de voie : aiguilles, croisements, etc. — Traverses de voies. — Plaques tournantes. — Chariots à fosse se manœuvrant à bras ou par la vapeur. — Chariots à niveau. — Taquet d'arrêt mobile.

Matériel roulant pour le transport des marchandises. — Construction du train d'un wagon ; attelage. — Différents types de wagons : wagons fermés, wagons tombereaux, wagons à plate-forme. — Limite de charge. — Gabarit. — Transport des grandes pièces de bois. — Wagons spéciaux.

Gares pour le service des marchandises. — Petites stations. — Gares principales. — Quais et halles à marchandises. — Halles de transbordement. — Grues spéciales employées dans ces halles. — Grandes gares de débranchement ; triage des wagons par refoulement ; triage et classement par la gravité (plan incliné d'Edge Hill). — Gares terminales ; leurs dispositions d'ensemble (gare des Batignolles, de Bercy, etc.). Description de la gare de la Chapelle. Manutention des wagons : manœuvres à bras et avec chevaux ; machines de manutention ; cabestans hydrauliques. Gare aux charbons. Gare au fer et aux pierres.

Embranchements particuliers. — Conditions d'établissement et d'exploitation ; formalités administratives.

Chemins de fer à voie étroite. — Facilités de tracé et économie dans la construction de la voie et du matériel ; exemples. — Gares de jonction avec le réseau principal ; leur outillage pour le transbordement des marchandises.

Petites voie ferrées pour les usines, les maisons de commerce, les magasins généraux. — Tramways.

Chemins de fer portatifs.

Navigation intérieure. — Matériel de transport sur les fleuves, rivières et canaux; formes et dimensions des bateaux.

Divers modes de locomotion : halage à bras, halage avec chevaux, essais de halage à la vapeur. — Navigation à voile et à la dérive. — Navigation à la vapeur; bateaux à roues et à hélice; porteurs et remorqueurs; toueurs. — Flottage à bûches perdues et en trains.

Canalisation des rivières; barrages; écluses à sas. — Canaux latéraux. — Canaux à bief de partage. — Leur alimentation. — Plans inclinés du canal Morris; plan incliné de Blackhill. — Elévateur du Great Western; élévateur d'Anderton; élévateur des Fontinettes.

Ports pour la navigation intérieure.

Ports de mer. — Lutte entre les villes maritimes; progrès réalisés chaque jour dans l'aménagement et l'outillage des ports. — Opérations que doivent subir les marchandises depuis la cale du navire jusqu'à la mise en wagons ou l'entrée en magasin, ou *vice versa.* — Harmonie à établir entre l'installation terrestre et l'installation maritime. — Ports de l'Océan : avant-port, bassins à flot, bassins de mi-marée, bassins de marée, bassins en eau profonde. — Ports de mer sans marée : ouvrages conquis sur la mer, môles, digues extérieures. — Description d'un port-type, suivant M. Barret. — Môles affectés aux steamers transportant les dépêches, les passagers et les marchandises de prix; hangars et magasins; voies ferrées. — Môles affectés exclusivement au mouvement des marchandises. — Môles pour l'exportation ou l'importation des marchandises lourdes et encombrantes. — Cales au bois. — Môles sur pilotis: New-York. — Quais de rive des bassins; leur aménagement. — Gare maritime. — Quai de la digue extérieure. — Transbordement de navire à navire. — Appareils de levage des quais : grues mobiles actionnées par l'eau sous pression. — Grues flottantes à vapeur. — Bigues à bras, à vapeur, à eau comprimée. — Utilisation de l'eau sous pression pour la manœuvre des ponts tournants, des cabestans de halage, etc.

Déchargement des céréales: appareils pneumatiques; élévateurs flottants.

Installations de radoub; bassins de carénage, grils à marée, cales de halage, docks flottants, docks transférants, formes sèches.

Docks de Londres et de Liverpool. — Docks pous l'exportation de la houille : Northumberland Dock et Tyne-Dock.

Descriptions détaillée des ports de Trieste, de Marseille, du Havre et d'Anvers.

Entrepôts et magasins généraux. — Bâtiments à plusieurs étages et bâtiments à un seul étage; avantages et inconvénients de chaque type. — Construction et aménagement. — Appareils élévatoires; monte-charges hydrauliques; descenderies. — Constructions destinées à recevoir des marchandises spéciales : spiritueux, vins, huiles végétales, pétroles. — Magasinage des grains : silos et greniers divers.

STÉNOGRAPHIE ET DACTYLOGRAPHIE

(Deux années)

Revision des principes généraux relatifs aux divers genres d'écritures. — Exercices théoriques et pratiques avec les machines à écrire.

Applications usuelles des écritures à l'exécution graphique de la correspondance et de la comptabilité commerciales : lettres d'affaires, effets de commerce, factures, écritures passées au journal et au grand-livre; inventaires; bilans; bordereaux d'escompte, etc.

Documents administratifs, tableaux synoptiques, mémoires, etc.

Correspondance commerciale étrangère.

Section Commerce-Industrie

MATHÉMATIQUES GÉNÉRALES

Première année

Notions de calcul différentiel et de calcul intégral

I. Calcul différentiel :

Des infiniment petits. — Définition. — Ordre. — Propriétés.

Différentielles. — Définition. — Calcul des différentielles des fonctions simples. — Tableau des fonctions de fonction; des fonctions composées; des fonctions implicites; dérivées partielles.

Fonctions homogènes. — Théorème d'Euler.

Applications géométriques. — Tangentes, normales, enveloppes. — Développées. — Rayon de courbure. — Courbure. — Application à la flexion des poutres droites.

Formes indéterminées. — Théorème de Rolle. — Démontrer la formule :

$$\frac{f(b) - f(a)}{\varphi(b) - \varphi(a)} = \frac{f'(c)}{\varphi'(c)}$$

Règle de l'Hospital. — Règle de Cauchy. — Formes : $0 \times \infty$; 1^∞; 0^∞; 0^0; ∞^0.

Application : $\lim\limits_{m = \infty} \left[\left(1 + \frac{1}{m}\right)^m\right] = e$

Forme $\infty - \infty$.

Formules de Taylor et de Mac-Laurin. — Notions sur les développements en série. — Développement de $(1+x)^m$ pour m fractionnaire. — Application à la comparaison des intérêts simples et des intérêts composés.

II. Calcul intégral :

Fonction primitive. — Intégrale indéfinie. — Définition en admettant la notion d'aire. — Application au calcul des surfaces. — Formule de Simpson. — Tableau des intégrales indéfinies.

Intégrales définies. — Définition et propriétés.

Méthodes de calcul des intégrales. — 1° Changement de variable; 2° intégration par parties; 3° intégration par les fractions rationnelles; 4° intégration des fonctions irrationnelles; 5° intégration des fonctions trigonométriques; 6° intégration des fonctions transcendantes.

Ces méthodes sont exposées à un point de vue pratique sur de nombreux exemples.

III. Équations différentielles :

1° *Equations du premier ordre.* — *Formations des équations différentielles du 1er ordre.* — Exemples tirés de la géométrie, de la mécanique, de la physique.

Intégration des équations différentielles du 1er ordre. — Intégrale générale. — Intégrale singulière.
  1° Equations à variables séparées;
  2° Equations homogènes;
  3° Equations linéaires à coefficients constants;
  Application à l'équation :

$$L \frac{di}{dt} + Ri = Em. \sin \omega t$$

tirée du cours de physique.
  4° Equation différentielle linéaire quelconque.

2° *Notions sur les imaginaires.*
Définition : $i^2 = -1$. Imaginaires conjuguées.
Opérations. — Addition et soustraction. — Représentation graphique. — Multiplication. — Formule de Moivre. — Division. — Puissances. — Logarithmes. — Résolution de l'équation du 2° degré.
Formule d'Euler : $C^{iz} = \cos z + i \sin z$, établie en prenant la dérivée de $y = \text{Loy} (\cos. x + i \sin. x)$.

3° *Equations différentielles du 2° ordre.*
Formation de ces équations.
Intégration des équations différentielles linéaires du second ordre à coefficients constants :
  1° Equations sans second membre;
  2° Equation avec second membre.

Applications. — Exemples tirés de la mécanique et de la physique.

Équation du galvanomètre :
$$\frac{d^2\delta}{dt^2} + \frac{2\times d\delta}{dt} + \beta\delta = 0$$

IV. Application du cours :

Calcul des moments d'inertie des lignes, des surfaces et des volumes usuels.

Première année

Géométrie analytique (plane). — Compléments

Construction des courbes :
1º Courbes unicursales ;
2º Courbes en coordonnées polaires ;
3º Courbes $f(x, y) = 0$.

Lieux géométriques. — Problèmes.

Deuxième année

Géométrie analytique (espace)

Equation d'une surface. — Plan.

Equations de la droite. — Centre des distances proportionnelles (ou centre de gravité). — Angle de deux directions.

Droite et plan. — Axes d'un plan. — Angles de deux plans. — Plans rectangulaires.

Distances. — D'un point à un plan ; d'un point à une droite ; de deux droites.

Pénétration des surfaces. — Cylindre. — Cône. — Sphère. — Surfaces de révolution.

Surfaces du second ordre (forme réduite).

Lieux géométriques. — Problèmes.

Courbes de l'espace. — Exemple : Hélice.

Première année

Compléments de Géométrie descriptive

Génération des surfaces. — Tangentes. — Plan tangent.

Contours apparents d'un solide. — Représentation des solides : prisme et cylindre, pyramide et cône. — Solide reposant sur un plan quelconque.

Sections planes des solides. — Vraie grandeur de la section. — Développement.

Intersection de deux solides. — Exemples simples : deux prismes ou deux cylindres; deux pyramides ou deux cônes; prisme et pyramide ou cône et cylindre; sphère et cylindre; sphère et cône.

Applications. — Vis à filet carré. — Vis à filet triangulaire. Exemples empruntés à la charpente ou à la coupe des pierres.

ÉLECTRICITÉ INDUSTRIELLE

Cours de première année

Le courant électrique ; ses propriétés.
Lois fondamentales. — Loi de Joule et loi d'Ohm.
Intensité. — Résistance et différence de potentiel.
Unités pratiques.
Etude de l'échauffement des conducteurs : applications pratiques au chauffage et à l'éclairage.
Lampes à incandescence.
Etude des résistances ; construction des rhéostats.
Courants dérivés. — Règle de Kirchoff.
Electrolyse et applications industrielles.
Piles électriques. — Accumulateurs.
Phénomènes fondamentaux de l'électromagnétisme et de l'électrodynamique.
Règles d'Ampère et de Maxwell.
Appareils de mesures. — Galvanomètres. — Ampèremètres et Voltmètres industriels.
Lois de l'induction. — Téléphonie. — Télégraphie. — Télégraphie sans fils.
Etude élémentaire de l'aimantation du fer et du circuit magnétique.
Phénomènes d'hystérésis.
Machines dynamo-électriques. — Description. — Inducteurs induits. — Collecteur.
Différents modes d'excitation des inducteurs.

Etude des réactions magnétiques de l'induit. — Commutation.
Perte de puissance et rendement.
Dynamo à excitation séparée. — Dynamo-série. — Dynamo Shunt et Dynamo Compound.
Etude des caractéristiques de ces différentes machines.
Caractéristique à vide.
Courbe de réglage.
Caractéristique externe.
Couplage des dynamos à courant continu.
Moteurs à courants continus.
Moteur série. — Moteur Shunt. — Moteur à excitation composée.
Etude de leur fonctionnement. — Applications.
Compteurs d'électricité. — Lampes à arc.

Cours de deuxième année

Courant alternatif.
Courants alternatifs sinusoïdaux. — Définition et mode de production. — Intensité efficace. — Impédance. — Puissance moyenne nécessaire à l'entretien du courant alternatif.
Représentation des fonctions sinusoïdales par des vecteurs : applications.
Courants polyphasés. — Champ tournant. — Alternateur.
Alternateurs. — Description des machines alternatives monophasées et polyphasées.
Alternateurs à induit fixe, à induit mobile et à fer tournant.
Moteurs à courant alternatif.
Moteur synchrone.
Moteur d'induction. — Description et principe du fonctionnement.
Transformateur. — Transport de l'énergie à distance.

Première année

Travaux pratiques d'Electricité industrielle

Mesure des résistances moyennes : 1° par le pont de Wheatstone ; 2° par l'ampèremètre et le voltmètre.
Mesure des faibles résistances : 1° par l'ampèremètre et

le voltmètre; 2° par la comparaison des différences de potentiel aux bornes d'une résistance.

Mesure des résistances d'isolement par le voltmètre.

Etude du galvanomètre. Détermination de sa constante. Graduation de l'appareil. — Vérification des ampèromètres et des voltmètres.

Mesure des différences de potentiel par la méthode de compensation.

Vérification des appareils de mesure.

Compteurs d'électricité.

Etalonnage.

Réglage des lampes à arc de différents types.

Etude des machines à courant continu.

Mesure de la résistance de l'inducteur de l'induit; de l'isolement par rapport à la masse des différents circuits.

Détermination des caractéristiques à vide, des caractéristiques externes.

Courbe de réglage.

Dynamo série et dynamo Shunt.

Moteurs séries et moteurs Shunt.

Essai d'un moteur.

Deuxième année

Courant alternatif. — Emploi du wattmètre pour la mesure de la puissance : 1° sur circuit sans décalage; 2° sur circuit avec décalage.

Fonctionnement du moteur synchrone, accrochage et décrochage.

Fonctionnement du moteur d'induction.

Transformateur. — Détermination du rapport de transformation.

CHIMIE INDUSTRIELLE. — MÉTALLURGIE

Première année

1° Combustibles. — *Solides* : bois, tourbe, lignite, houille, charbon de bois, coke, agglomérés.

Liquides. — Pétrole.

Gazeux. — Gaz d'éclairage, gaz de gazogènes, gaz à l'eau, acétylène.

2° **Sidérurgie.** — Minerais de fer, fontes, fers et aciers.
3° **Electrochimie.** — Electrolyse. — Affinage électrolytique des métaux. — Electrométallurgie. — Nickelage. — Applications du four électrique.
4° **Principales industries de la région.**

TECHNOLOGIE

Première année

1° Chaudières.

Généralités et définitions. — Vaporisation. — Vapeurs saturées et désaturées. — Vapeur sèche, aqueuse, condensée, surchauffée.

Effets mécaniques de la vapeur d'eau.

Notions sur les tôles. — Essais. — Epaisseur. — Assemblage.

Combustibles industriels. — Généralités. — Classement. — Combustibles principaux, secondaires, exceptionnels.

Essai industriel des combustibles. — Utilité. — Conduite d'un essai industriel (Prise d'essai. — Analyse. — Essai de chauffage).

Nota. — Une analyse de charbon, un essai de chauffage et de vaporisation, auront lieu dans le courant de l'hiver au moment où la chaudière sera allumée du matin au soir.

Généralités sur les chaudières à vapeur. — Calcul sommaire d'une chaudière. — Capacité. — Surface de chauffe. — Volumes d'eau et de vapeur.

Fonctionnement d'une chaudière. — Conditions légales et économiques. — Rendement.

Essai d'une chaudière.

Classement des chaudières. — A gros éléments vaporisateurs, à foyers extérieurs, à foyers intérieurs, tubulaires, multitubulaires, mixtes, verticales.

Types à foyer extérieur. — A bouilleurs.

Type à foyer intérieur. — A foyer ordinaire. — A foyer ondulé type Galloway. — A retour de flammes.

Type tubulaire. — 1° A flamme directe (genre locomotive);

— 2° A retour de flammes (Thomas-Laurens, construite par Weyher et Richemond).

Type multitubulaire. — Belleville, Roser, Babcok et Wilcox, de Naeyer, Montupet.

Type mixte. — Semi-tubulaire, Roser, Weyher et Richemond.

Type vertical. — Hermann Lachapelle, Field.

Réchauffeurs. — *Sécheurs.* — *Emulseurs.* — a) *Réchauffeurs économiseurs* ordinaires, communs, Vanne, Farcot. — Distributeur Mähl. Economiseurs Green, Lemoine. — Réchauffeurs tubulaires.

b) *Sécheurs surchauffeurs.* — Surchauffeur Montupet.

c) *Emulseurs.* — Dubiau, Montupet.

Construction des fourneaux.

Appareils fumivores. — a) *Foyers à combustion méthodique.* — Foyer à trémie. — Grilles automatiques.

b) *Foyers à brassage de flammes.* — Dispositifs à admission d'air. — Ejecteurs de vapeur.

Appareils alimentaires. — a) *Bouteilles alimentaires.* — Bouteille ordinaire. — Alimentateur Fromentin.

b) *Pompes alimentaires.* — Pompes ordinaires.

c) *Petits chevaux.* — Petit cheval Belleville. — Pompes Worthington, Roser.

d) *Injecteurs.* — Giffard, Krauss, Kœrting.

e) *Retours directs.*

f) *Fonctionnement des appareils alimentaires.* — Bouteilles alimentaires. — Pompes ordinaires. — Petits chevaux. — Injecteurs.

Appareils auxiliaires de l'alimentation. — Pompes aspirantes. — Pulsomètres. — Ejecteurs. — Bouilleurs marins.

Appareils de sûreté indicateurs du niveau d'eau. — Généralités.

a) *Tubes clarinette et niveaux à glace.* — Tube indicateur.

b) *Clarinettes.* — Niveaux Damourette, Daniel. — Porte-tube épurateur Léon Foucault.

c) *Niveaux à glace.* — Heurley, Vaultier, Klinger.

d) *Tubes à fermeture rapide.* — Dispositif Niclause.

e) *Tubes à fermeture automatique.* — Niveaux Lethuillier et Pinel, Besges et Benoît, Serveau, Lebrun et Cormerais.

f) *Enveloppes protectrices des tubes.* — Douilles Bourdon, Siemens, Devrance. — Montage des tubes. — Purge des tubes. — Purge des tubes indicateurs. — Appareil Planche.

g) *Flotteurs.* — Flotteur à balancier Farcot, Bourdon; à cadran Chaudré, magnétique (Lethuillier et Pinel). — Indicateur Perrotte; à glace (Dupuch). — Flotteur d'alarme. — Robinets de jauge.

Appareils de sûreté indicateurs de pression. — a) *Manomètres.* — A mercure, Bourdon, Duconet, Desbordes. — Enregistreurs (enregistreur Bourdon, enregistreur Muller et Roger); à maxima Schœffer.

b) *Soupapes de sûreté.* — A levier ordinaire, Montupet, à ressort, à charge directe, à charge indirecte ou balance.

c) *Établissement des soupapes de sûreté.* — Diamètre des soupapes. — Précautions à prendre en service. — Soupape Barçon.

d) *Soupapes à échappement progressif.* — Soupapes Godron, Adams, Lethuillier et Pinel, Dulac, Castelnau, Génard, Pile.

e) *Soupapes diverses.* — Soupapes Barbe, de retour d'eau, atmosphérique.

f) *Vérification des soupapes de sûreté.* — Vérification à froid. — Vérification à chaud.

Appareils de sûreté automatiques. — a) *Clapets de retenue d'alimentation.* — Types Lethuillier et Pinel, Muller et Roger, Herdevin, Lafonta, Gérard.

b) *Clapets d'arrêt de vapeur.* — Clapets Labeyrie, Lethuillier et Pinel, Pasquier, Vaultier, Pile, Colombier.

c) *Bouchons et chevilles fusibles.* — *Soupapes de distribution de vapeur.* — Type du Creusot; Flentot.

Robinetterie. — Robinets ordinaires; à soupape. — Robinets-valves Muller, Colombier. — Prises de vapeur. — Robinets de vidange.

Sécheurs et purgeurs. — Sécheur Ehlers. — Purgeurs Legat, Richard, Kusemberg, Prost, Boyle.

Enveloppes calorifuges. — *Conduite du feu.* — Mise en marche. — Conduite de la marche.

Régulateurs de tirage. — Belleville.

Souffleurs. — Type Bohler.

Conduite de l'alimentation. — Régulateur d'alimentation (Belleville; Lethuillier et Pinel; Niclause; Gauchot; Roynette.

Alimentation simultanée de plusieurs générateurs. — Alimentateur Watrelot.

Conduite de la pression. — a) *Détendeur de vapeur.* — Belleville; Colombier; Deniau; Dubrulle; Royle.

b) *Chaudières conjuguées.* — Déverseur Muller et Roger.

Dépôt des eaux d'alimentation.

Nature des eaux.

Dépôts divers.

Epurateurs d'eau. — Chevalet; Montupet; Dervaux.

Nettoyage et visite des chaudières. — Entretien journalier. — Défauts à rechercher. — Appareils en chômage.

Rendement des chaudières à vapeur. — Conduite d'un essai simple.

Réparations courantes.

Epreuve à la presse hydraulique.

Explosion des chaudières à vapeur.

2° Machines à vapeur.

Mode d'action de la vapeur motrice. — Mouvement initial.

Organes producteurs du mouvement initial :

a) Cylindre à vapeur.
b) Pistons moteurs. — Différents types.
c) *Tiroirs de distribution.* — Tiroir à coquille. — Tiroir en D. — Tiroir à double orifice. — Tiroirs cylindriques; équilibrés (Lanz).
d) *Réglage de la distribution.* — Vérification de la distribution.

Transformations du mouvement initial :

a) *Bielles et manivelles;*
b) *Excentriques.*
c) *Coulisses.* — Marche en arrière. — Coulisse de Ste-

phenson. — Coulisse de Gooch. — Coulisse d'Allan. — Coulisse Walschærts. — Coulisse David Joy.

Organes régulateurs du mouvement :

a) *Régulateurs.* — Modérateur à boules de Watt. — Régulateur Porter. — Compensateur Denis. — Régulateur Cosinus, à ressorts, Farcot, Hartung.

b) *Volants.*

Notions sur les détentes et détentes diverses. — Utilité de la détente. — Détente par recouvrement; par deux tiroirs superposés; Meyer; Meyer modifié; Rider; Farcot; Farcot modifié par Weyher et Richemond; Corliss à distributeurs; Sulzer à soupapes.

Détentes dans plusieurs cylindres. — Machine de Woolf. — Machine Compound. — Machine à triple et quadruple expansion.

Notions sur la condensation et les condenseurs. — Utilité de la condensation.

a) Condenseurs divers. — Indicateurs de vide. — Condenseurs par mélange, par surface. — Aéro-condenseur de Fouché.

b) Rafraîchissement de l'eau de condensation.

Organes accessoires des machines. — a) Bâtis et fondations.

b) Organes graisseurs. — Graisseurs intermittents; automatiques; Pick; Brin; Mellerup; tandem Bourdon.

c) Organes d'arrêt rapide. — Dispositif Farcot. — Dispositif Brasseur.

Classification des machines à vapeur. — Destination de la machine. — Pression et vitesse. — Mode d'action et de travail de la vapeur. — Nombre et disposition des cylindres. — Transmission du mouvement.

Nota. — Des expériences au frein seront faites sur les transmissions de l'École.

Conduite des machines. — Mise en marche. — Conduite de la marche. — Arrêts. — Entretien et chômage.

Rendement des machines à vapeur.

a) Rendement théorique.
Machine à pleine pression à échappement libre.
Machine à condensation.
Machine à détente.
Machine à deux cylindres, dont l'un à détente.
Nouveau mode de calcul.

b) *Rendement pratique.*
Indicateur de Watt (système Richard).

Nota. — Des prises de diagrammes seront faites à l'aide de l'indicateur de l'École.

Frein de Prony.

Consommation des machines. — Vapeur et charbon.
Calcul de la dépense.
Essai de puissance et de consommation.

Moteurs à gaz
Deuxième année

Historique. — *Moteur primitif Lenoir.* — *Avantages du moteur à gaz.* — *Transformations du moteur à gaz.*

Théorie du moteur à gaz. — Cycle à quatre temps du moteur à simple effet. — Cycle à quatre temps du moteur à double effet. — Cycle à deux temps. — Moteur à gaz Otto : horizontal, vertical.

Considérations générales sur les moteurs à gaz. Sources d'alimentation. — Gaz de ville. — Gaz pauvre; de gazogène; des hauts-fourneaux.

Allumage

Par transport de flammes (Kœrting-Blancher).
Par tubes à incandescence (Guillou).
A fermeture automatique (Tangye).

Disposition des conduites de gaz pour brûleurs.

Allumage électrique. — Bougies d'allumage (Japy Presta).

Magnétos. — Sims Bosch.

Allumeur.

Commandes d'allumage. — Bosch, Duplex.

Auto-allumage par compression.

Distribution

Disposition des soupapes.

Soupapes d'admission. — *Soupapes à gaz.* — *Soupapes de*

mélange. — *Dispositions diverses des soupapes à gaz, de mélange et d'admission.* — *Soupapes d'échappement.*

Organes de commande des soupapes. — Cames. — Excentriques. — Leviers.

Régulation

Régulation par tout ou rien, par variation de la composition du mélange, par variation du volume du mélange aspiré.

Régulateurs : à pendule ; à force centrifuge.

Distributions et régulations diverses. — Charon, Duplex, Letombe, Sœst, Neww, Acmé, Winterthur, Nuremberg, Benz.

Organes divers de moteurs à gaz

Cylindre. — Culasse. — Refroidissement.

Pistons. — Ouvert. — Axe du piston. — Refroidissements. — Pistons ouverts à circulation d'eau. — Graissage du piston.

Bielle. — Tête de bielle. — Pied de bielle.

Arbre. — Manivelle. — Graissage des tourillons. — Contrepoids.

Volant. — Jante. — Bois. — Moyeu. — Assemblage.

Paliers. — Coussinet. — Graissage.

Bâti.

Amortisseurs de bruit. — Pots d'aspiration. — Pots d'échappement.

Tuyauteries. — De gaz. — D'eau.

Vannes. — A gaz. — A air.

Appareils de mise en marche. — A la main. — A air comprimé. — Electrique.

Diagrammes

Travail. — *Puissance.*

Diagrammes : de moteur sans compression ; de moteur

à compression; à quatre temps, simple effet; à quatre temps, double effet; à deux temps.

Diagramme développé. — *Travail indiqué.* — *Travail effectif.* — *Rendement.*

Indicateurs. — Indicateur optique.

Freins.

Essai des moteurs.

Moteurs divers

Classification des moteurs.

Moteurs sans compression. — Lenoir, Benier, Forest.

Moteurs atmosphériques. — Otto, Langen, Bisschop, François.

Moteurs à compression. — *A quatre temps horizontaux.* — Otto, Lenoir, Niel, Delamarre, Debouteville, Cockerill, Charon, Crossley, Dubridge, Duplex, Gardner, Le Soufaché et Félix, Letombe, Sœst, Neww, Acmé, Benz, Kœrting, Ausbourg et Nuremberg, Campbell, Wintherthur.

A quatre temps verticaux. — Kabath, Kœrting, Lickfeld, Bachtold, Gardner, Satre et Lyonnet, Campbell, Cockerill, Benz, Winterthur.

A deux temps. — Ravel, Benz, Baldwin, Kœrting, Œchelhauser.

A six temps. — Griffin.

Gazogènes

Historique. — *Théorie des gazogènes.* — *Epuration du gaz.* — *Classification des gazogènes.*

Gazogènes à insufflation. — Dowson, Lencauchez, Gardie, Fichet et Heurtey, Letombe.

Gazogènes à aspiration. — Taylor, Pierson, Riché, Niel, Boutillier, Winterthur, Dubridge, Otto, Glaenzer, Pierreaud et Thomine, Plat, Fichet, Heurtey, Campbell, Tangye.

Gazogènes divers.

A double combustion. — Riché, Letombe.

Four à gaz Riché.

Gaz de hauts-fourneaux et de fours à coke.
Epuration.

Conduite et entretien des moteurs à gaz

Applications

Moteurs à essence et à pétrole

Historique.
Combustibles. — Pétrole lourd. — Gazoline. — Pétrole lampant.
Carburation. — *Carburateurs.* — *Vaporisateurs.* — *Pulvérisateurs.* — *Carburateurs-vaporisateurs.*
Carburateur Daimler, Longuemare.
A pulvérisateur, à essence, pétrole, alcool, à réglage progressif; Mors, Zénith, Renauld, Gobron, Gauthier, Verlé.
Vaporisateurs. — Brayton, Priestmann, Otto, Campbell, Hille, Crossley, Charon.

Allumage

Allumage. — Avance à l'allumage. — Procédés d'allumage.
Allumage électrique. — Par courant de haute tension. — Par bobine. — Par magnéto.
Bougies. — Nilmélior, Renault, Lavalette.
Allumage par courant de basse tension.
Rupteurs.
Dispositifs divers d'allumage. — Bosch, Lavalette, Eisemann, Nilmélior, Renault.

Moteurs Industriels

Considérations générales.
Moteurs Tangye, Gardner, Japy, Brouhot, Campbell, Dudbridge, Otto, Gnôme, de Dion-Bouton.
Moteur Diesel.

Moteurs de voitures automobiles et de bateaux

Moteurs. — De Dion-Bouton, Clément, Brasier, Renault, Panhard et Levassor, Peugeot, Hotchkiss, Mors, Charon, Boudreaux, Verdet, Gnôme, Delaunay Belleville, Cohendet, Daimler, Caze, Gardner, Diesel.

Moteurs d'aérostation et d'aviation

Moteurs de ballons dirigeables.
Moteurs d'aviation. — Clément-Bayard, Aster, Antoinette, Gnôme, Esnault-Pelterie, Barriquand et Marre, Darracq, Farcot.

Moteurs à benzol, à alcool, à acétylène. — Moteurs hydrauliques

Hystorique des moteurs hydrauliques.

Roues hydrauliques. Roues en dessus. — A arbres droits; à aubes courbes. — Roue Poncelet.

Roue de côté. — A aubes courbes. — Roue Sageblen.

Roues en dessus. — A augets. — A admission intérieure.

Turbines hydrauliques. — Classification. — Chutes d'eau. — Installation des turbines. — Chambre d'eau ouverte. — Chambre d'eau fermée.

Turbines parallèles. — Fontaine, Jonval, Kœchlin.

Turbines centrifuges. — Fourneyron, Piccard, Pictet, Bouvier.

Turbines centripètes. — Francis, Teisset, Chapron et Brault, Piccard-Pictet, Neyret, Brenier.

Turbines mixtes. — America, Hercule, Progrès, Teisset, Chapron et Brault, Gouverner, Normale, Bouvier.

Turbines tangentielles. — Roue Pelton, America, Hercule, Progrès, Piccard-Pictet, Neyret, Brenier.

Régulateurs de turbines

Classification.

Régulateurs mécaniques. — Piccard-Pictet, Sinngrün, Bouvier, Neyere, Brenier.

Régulateurs hydrauliques. — Sinngrün, Ribourt, Bouvier, Neyret, Brenier.

Régulateur hydro-mécanique. — Escher Wyss.

Moteurs rotatifs. — Turbines à vapeur

Moteurs rotatifs. — Bramah, Behrens, Hult.

Turbines à vapeur. — Classification. — Turbines de Laval, Lateau, Zœlly, Curtiss, Bréguet, Brown, Boveri, Parsons.

Première année

MÉCANIQUE APPLIQUÉE
ET RÉSISTANCE DES MATÉRIAUX

Notions préliminaires. — Définition de la résistance des matériaux. — Notions générales sur les efforts de traction ou d'extension, de compression, de flexion, de torsion. — Déformations élastiques et permanentes. — Charge limite d'élasticité. — Charge pratique.

Traction ou extension. — Expérience et lois fondamentales. — Formule générale. — Coefficient d'élasticité. — Tableau des principales valeurs de K. — Applications numériques. — Cordes et câbles. — Diamètres des tambours. — Câbles métalliques et chaînes. — Applications numériques. — Rupture par arrachement. — Représentation graphique des phénomènes de la traction. — Propriétés générales des métaux : douceur, dureté, ténacité, contractilité. — Influence de la température sur la résistance des fers et des aciers. — Comparaison du fer et de la fonte au point de vue des déformations. — Machines pour essais à la traction : Thomasset, Valère-Mabille, Delaloë. — Tiges de grandes longueurs ou soumises à des vibrations. — Calcul d'une tige en tenant compte de son poids. — Applications numériques. — Remarque relative aux tiges employées dans les sondages. — Tige d'égale résistance. — Remarques relatives à l'écrouissage, à la trempe et au recuit.

Cisaillement. — Glissement. — Coefficient d'élasticité transversal.

Compression. — Notions générales. — Formule pratique. — Représentation graphique du phénomène. — Principales valeurs de K. — Fondations en maçonnerie pour machines. — Calcul de la section. — Rappel des conditions d'équilibre d'un corps solide. — Équations de projections. — Équations des moments. — Centres de gravité des principaux solides géométriques. — Détermination du centre de gravité d'une surface. — Applications numériques aux fers à T simple et à double T.

Moment d'inertie. — Définition. — Théorèmes fondamentaux. — Tableaux des principales valeurs de I pour les sections simples et composées. — Applications aux cornières, fers à T, etc. — Albums industriels : usages.

Flexion. — Notions préliminaires. — Rappel des expériences de Duhamel, Dupin. — Fibres tendues et comprimées. — Fibre neutre. — Couche neutre. — Établissement de la formule fondamentale de la flexion plane. — Remarque sur cette formule. — Module d'une section. — Détermination du rayon de courbure de la fibre neutre. — Équation d'infléchissement. — Économie relative des diverses formes de section. — Applications.

Étude des poutres. — Effort tranchant. — Moment fléchissant. — Appui. — Encastrement (dans chacun des cas suivants, il sera étudié : effort tranchant ; diagramme ; moment fléchissant : maximum ; diagramme ; équation de la courbe élastique ; flèche ; applications numériques).

1° *Poutres encastrées à une extrémité :*
Poutre horizontale encastrée et supportant à l'autre une charge. — Applications à la détermination du coefficient d'élasticité.

Poutre horizontale encastrée et supportant une charge uniformément répartie.

Poutre horizontale encastrée et supportant une charge uniformément répartie et une charge à l'extrémité libre.

2° *Poutres appuyées :*
Poutre horizontale supportant une charge en son milieu.
Poutre horizontale supportant une charge en un point quelconque.
Poutre horizontale supportant une charge uniformément répartie.

3° *Poutres encastrées aux deux extrémités :*
Poutre horizontale supportant une charge en son milieu.
Poutre horizontale supportant une charge uniformément répartie.

4° *Poutres encastrées à une extrémité et appuyées à l'autre :*
Poutre encastrée et appuyée supportant une charge en son milieu.

Poutre encastrée et appuyée supportant une charge uniformément répartie.

Cas d'une charge mobile. — Planchers. — Calcul de la charge par mètre de longueur de poutre. — Applications numériques.

Résistance composée. — Flexion avec compression. — Colonnes. — Formules pratiques. — Colonnes pleines et creuses. — Formules d'Hodgkinson. — Formules de Love. — Épaisseur des colonnes creuses. — Poteaux. — Pilots. — Applications numériques.

Torsion. — Lois fondamentales. — Hélice de déformation. — Formule fondamentale. — Cas d'une section circulaire, annulaire, rectangulaire. — Comparaison d'un cylindre plein et d'un cylindre creux de sections équivalentes. — Arbres de transmission. — Diamètre d'un arbre en fonction du travail transmis et du nombre de tours par minute. — Formules pratiques. — Applications numériques. — Ressorts de torsion en hélice (section circulaire et rectangulaire).

Deuxième année

Résistances passives

I. **Théorème des forces vives.** — Application aux machines. — Travail moteur, travail résistant, travail des résistances passives. — Rendement.

II. **Frottement de glissement, lois expérimentales.** — Travail du frottement.

Applications : frottement des tourillons sur leurs coussinets ; frottement d'un pivot sur sa crapaudine ; frottement dans les engrenages cylindriques ou coniques. — Rendement.

Étude des machines du genre plan incliné, en tenant compte du frottement : plan incliné, vis à filet carré, vis sans fin, coin. — Rendement de ces machines.

III. **Raideur des cordes.** — Application à l'étude de la poulie fixe ou mobile et du treuil, en tenant compte des résistances passives. — Rendement de ces machines.

IV. Frottement d'une corde sur un cylindre fixe. — Transmissions par courroies. — Freins.

V. Frottement de roulement. — Transport par rouleaux.

Chocs et percussions

I. Théorèmes généraux sur les percussions.
II. Choc de deux corps mous. — Théorème de Carnot.
III. Choc de deux corps parfaitement élastiques.

ÉLÉMENTS DE MACHINES

CHAPITRE PREMIER

Assemblages mobiles

Vis et boulons. — Généralités. — Différents systèmes de filetage. — Calcul des vis.
 a) Vis d'assemblage : écrou d'une vis. — Longueur de la partie filetée. — Vis travaillant au cisaillement.
 b) Vis servant à la transmission de mouvement : rendement. — Différents efforts qui sollicitent une vis.

Clés. — a) Clé à mâchoires fixes. — Clé à une branche; longueur; section de la clé. — Clé à deux branches ou béquille; calcul des branches; de la tige.
 b) Clé à mâchoires mobiles. — Clé anglaise. — Clé à molette.

Clavettes. — a) Clavettes placées sur les arbres de transmission. — Clavette encastrée dans les arbres. — Clavette placée sur un arbre avec méplat.
 b) Clavette de boulon de fondations.
 c) Clavette assemblant une douille ou un manchon avec une tige cylindrique.

Goujons. — Goujon servant d'axe.

CHAPITRE II

Généralités. — Rivets comme assemblages mobiles.

I. — Rivures d'assemblages.

a) Assemblage des barres de treillis.
b) Rivure des poutres composées : assemblage des plates-bandes et des cornières; assemblage des cornières et de l'âme; couvre-joint longitudinal d'âme.

Joints verticaux : couvre-joint vertical d'âme; couvre-joint de plate-bande; joint unique; joints échelonnés; joints croisés; joints de cornières.

II. — Rivures étanches d'assemblages. — Généralités.

Calcul des efforts qui sollicitent les tôles d'une chaudière.
Rivures à recouvrement; à couvre-joint.
Assemblage des viroles. — Formules de Lame et Brix.

CHAPITRE III

Des engrenages au point de vue de la résistance des matériaux

Généralités.
Calcul des engrenages cylindriques.
Engrenages fabriqués avec des matières différentes. — Choix de la matière. — Pignon en cuir.
Couronne. — Bras. — Moyeu.
Engrenages coniques. — Engrenages à denture hélicoïdale.
Engrenages à chevron. — Engrenages à vis tangente.

CHAPITRE IV

Transmissions par câbles et courroies

Relation fondamentale. — Action des tensions sur l'arbre.
Glissement de la courroie sur la poulie.
Calcul d'une courroie, de sa longueur.
Poulies. — Diamètre des poulies. — Jante. — Bras. — Moyeu.
Transmission par câble métallique.
Calcul du câble.
Chaînette. — Cas où les poulies ne sont pas au même niveau.

CHAPITRE V

Axes et arbres

Calcul graphique d'un arbre soumis à la flexion et à la torsion. — Applications.

Théorème de Mohr. — Flèche.

Méthode graphique : calcul d'un arbre muni à son extrémité d'une manivelle.

Calcul dans le cas d'un arbre coudé.

Méthode analytique. — Arbre de transmission : par engrenages, par courroies, par bielle et manivelle.

Calcul d'un arbre d'une machine à pleine pression actionnant une bielle de longueur infinie ; — d'une longueur finie.

Cas d'un arbre d'une machine à détente.

CHAPITRE VI

Pistons. — Glissières. — Bielles

Piston : Calcul.

Tige de piston. — Efforts supportés. — Diamètre de la tige.

Calcul. — Formule de Lowe, de Laissle et Schubler.

Glissières. — Généralités. — Calcul.

Crosse.

Bielle.

Tête de bielle : à chape ouverte ; à chape fermée.

Corps de la bielle. — Calcul de la section. — Formule de Lowe et de Laissle.

Efforts secondaires. — Force d'inertie. — Détermination du moment fléchissant dû à ces forces. — Bielle d'accouplement de locomotives.

COURS DE DESSIN

Première année

Construction des courbes nécessaires au tracé des engrenages.

Tracé des engrenages extérieurs, intérieurs, pignons et crémaillères, coniques.
Lecture à vue de dessins industriels.
Décomposition, en dessins d'ateliers, de différents types de machines-outils et d'installations générales, représentées par leur ensemble.
Dessins d'ensemble de machines d'après les dessins de détails.
Exécution de quelques calques et d'épreuves au ferro-prussiate.

Deuxième année

Projets d'éléments de machines et d'installations générales de mécanique, faisant suite au cours de résistance des matériaux et au cours de mécanique appliquée.

COURS PRÉPARATOIRE

A LA

Section Commerce-Industrie

Ce cours se recommande particulièrement aux candidats ayant sérieusement préparé le concours d'entrée aux Écoles nationales d'Arts et Métiers.

ALGÈBRE ET GÉOMÉTRIE ANALYTIQUE

I. — Étude de la fonction du 1er degré : $y = ax + b$. — Zéros. — Signes.

Étude de la fonction du 2e degré : $y = ax^2 + bx + c$.
Décompositions du trinôme. — Zéros. — Signes. — Résolution de l'équation $y = 0$. — Relations entre les coefficients et les racines.

Applications. — Inégalités. — Placer un nombre par rapport aux racines de l'équation du 2e degré. — Questions usuelles.

Équations qui se ramènent au 2e degré : 1° Équation bicarrée. — Trinôme bicarré :

$$\sqrt{A + \sqrt{B}} = \sqrt{x} + \sqrt{y}$$

2° Équations binômes.
3° Équations trinômes.
4° Équations réciproques.

Systèmes du 2e degré et de degré supérieur. — Méthodes générales. — Méthodes particulières. — Exemples.

Problèmes du 2e degré. — Exemples.

II. — Puissances et racines. — Exposants fractionnaires. — Exposants négatifs. — Fonction exponentielle. — Logarithmes.

III. — **Binôme de Newton.** — Progressions arithmétiques. — Progressions géométriques. — Nombre e. — Série e^x. — Applications.

IV. — **Dérivées.** — Définition. — Interprétation géométrique. — Calcul des dérivées usuelles. — Tableau.

V. — **Notions de géométrie analytique.**

Droite. — Diverses formes de l'équation de la droite. — Problèmes usuels d'angle et de distance.

Cercle. — Equation.

Parabole. — Equation réduite. — Tracé graphique. — $y = ax^2 + bx + c$ représente une parabole. — Applications à la chute des corps.

Ellipse. — Equation réduite. — Tracés graphiques.

Hyperbole. — Equation réduite. — Tracés graphiques.
Notions sur les tangentes et les normales.

VI. — **Application des dérivées à l'étude des variations de fonctions :**

Fonctions : constante, croissante, décroissante. — Maximum et minimum.

Exposé graphique des règles qui donnent la variation d'une fonction.

Concavité. — Convexité.

Application aux fonctions définies par une équation explicite : $y = f(x)$.

Exemples : 1° $f(x)$ est un polynôme ;
2° $f(x)$ est une fonction rationnelle de la forme :

$$\frac{ax+b}{a'x+b'}, \quad \frac{ax^2+bx+c}{a'x^2+b'x+c'}, \quad \text{asymptotes.}$$

3° $f(x)$ est irrationnel. — Application à l'élipse :

$$\frac{x^2}{a^2} + \frac{y^2}{b^2} - 1 = 0$$

et à l'hyperbole : $\frac{x^2}{a^2} - \frac{y^2}{b^2} - 1 = 0$

Théorèmes usuels sur les maximums et les minimums.

VII. — **Intérêts composés.** — Annuités. — Amortissements.

MATHÉMATIQUES

Cours préparatoire

Arithmétique

Cours spécial de revision. — Arithmétique théorique et arithmétique pratique.

Géométrie

Figures planes. — Revision et compléments.

Figures dans l'espace.
Plan et droite perpendiculaires. — Plan et droite parallèles.
Plans parallèles. — Plans perpendiculaires.
Angles dièdres. — Mesure.
Angles trièdres. — Propriétés et construction.
Polyèdres à faces planes. — Propriétés. — Surface et volume des solides : parallélipipèdes, prismes, pyramides, tronc de pyramide.
Polyèdres homothétiques. — Similitude.
Figures symétriques.
Cylindres, cônes, tronc de cône, de révolution. — Surface et volume.
Sphère, propriétés. — Surface et volume des solides sphériques et de la sphère.

Etude géométrique des courbes : ellipse, parabole, hélice.

Trigonométrie

Mesure des angles et des arcs. — Lignes trigonométriques, variation. — Inversion. — Relations entre les lignes trigonométriques d'un même arc.
Lignes trigonométriques données par la géométrie.
Théorème des projections. — Formules d'addition et de duplication pour les sinus, les cosinus et les tangentes; expresssion de sinus, cosinus et tangente en fonction de la tangente de l'arc moitié.
Division des arcs par deux.
Transformer en un produit une somme de deux sinus, de deux cosinus ou de deux tangentes; transformer un produit ou un carré de sinus ou de cosinus en une somme de sinus ou de cosinus.

Equations trigonométriques simples.
Usage des tables de logarithmes trigonométriques à cinq décimales.
Relation entre les côtés et les angles d'un triangle rectangle, d'un triangle quelconque.
Résolution des triangles. — Applications aux questions relatives au levé des plans.

Géométrie descriptive

Insuffisance du dessin ordinaire pour la représentation des corps.
Usage de deux plans rectangulaires.
Représentation d'un point, d'une droite, d'un plan, d'un solide à faces planes.
Tracés d'une droite. — Horizontales. — Frontales. — Verticales.
Lignes de bout. — Problèmes élémentaires sur la droite et le plan.
Intersection de droites et de plans.
Droites et plans perpendiculaires. — Mener par un point une droite perpendiculaire à un plan, un plan perpendiculaire à une droite, une droite perpendiculaire à une droite.
Méthodes générales : rabattements, rotations, changements de plans. — Application de ces méthodes à la résolution des problèmes suivants :

1º *Détermination des distances.* — Distances de deux points, d'un point à un plan, d'un point à une droite. — Plus courte distance de deux droites.

2º *Détermination des angles.* — Angle de deux droites. — Angle d'une droite et d'un plan. — Angle d'une droite avec les plans de projection. — Angle de deux plans. — Angle d'un plan avec les plans de projection.

3º *Représentation des solides.* — Prismes et pyramides. — Cylindres et cônes. — Sphère. — Section plane et vraie grandeur de la section.

4º Projection d'un cercle. — Projection d'une hélice sur un plan parallèle à son axe.

Notions sur la méthode des projections cotées.
Point. — Droite. Graduation, pente, intervalle.
Plan. — Ligne de pente. — Echelle de pente. — Résolution de quelques problèmes par la méthode des projections cotées.

MÉCANIQUE

CHAPITRE PREMIER

Définitions. — Système invariable ou corps solide. — Point matériel.

Mouvement. — Sa relativité. — Repères ou systèmes de comparaison. — Différentes sortes de mouvement d'un point matériel :
1º D'après la nature de la trajectoire (rectiligne, curviligne); 2º D'après la loi du mouvement (uniforme, varié).

Principe de l'inertie. — Conséquence : existence des forces. — Comparaison des forces. — Unité de force. — Dynamomètres.

Eléments des forces; leur représentation géométrique : vecteurs.

CHAPITRE II

Segments. — Division de la mécanique. — Segments rectilignes. — Théorème de Chasles. — Segments curvilignes. — Angles.

CHAPITRE III

Vecteurs. — *Somme géométrique.* — Définition. — Equipollence. — Somme géométrique. — Projections. — Th. des projections. — Décomposition des vecteurs. — Coordonnées. — Formules analytiques.

CHAPITRE IV

Vecteurs, moments. — Moment d'un vecteur par rapport à un point. — Th. de Varignon pour des vecteurs concourants et situés dans un même plan. — Moment par rapport à un axe. Th. de Varignon. — Vecteurs quelconques dans l'espace.

STATIQUE

CHAPITRE PREMIER

Statique du point matériel. — 1º Point libre; 2º point

mobile sur une surface fixe; 3° point mobile sur une courbe fixe.

CHAPITRE II

Statique des corps solides libres. — Réduction des forces appliquées à un corps solide à deux forces. — Réduction des forces appliquées à un corps solide à une force et à un couple. — Systèmes équivalents. — Conditions d'équilibre. — Cas particuliers. — Centre de gravité des figures simples.

CHAPITRE III

Statique des corps solides non libres. — 1° Corps ayant un point fixe; 2° corps ayant un axe fixe; 3° Corps s'apuyant sur un plan inébranlable.

CHAPITRE IV

Machines simples. — Levier. — Balance. — Romaine. — Bascule. — Treuil. — Treuil différentiel. — Poulie fixe ou mobile. — Combinaison de poulies. — Plan incliné.

CINÉMATIQUE

CHAPITRE PREMIER

Mouvement d'un point. — Trajectoire. Loi du mouvement.

Vitesse. — Vitesse moyenne. — Vitesse à un instant donné. — Composantes de la vitesse (axes rectangulaires). — Composantes de la vitesse suivant le rayon vecteur et la perpendiculaire au rayon vecteur.

Accélération. — Hodographe. — Composantes de l'accélération (axes rectangulaires). — Accélération tangentielle et accélération normale.

Étude de quelques mouvements : mouvement rectiligne uniforme; uniformément varié; oscillatoire simple. — Mouvement circulaire uniforme.

Diagrammes d'un mouvement : diagramme des espaces. — Mouvement uniforme. Graphique des chemins de fer. — Mouvement varié. — Diagrammes de la vitesse et de l'accélération tangentielle.

CHAPITRE II

Mouvements élémentaires d'un corps solide. — Mouvement de translation. Trajectoire des différents points. — Vitesse et accélération.

Mouvement de rotation. — Vitesse angulaire. — Mouvement de rotation uniforme.

Mouvement hélicoïdal. — Hélice, sens d'enroulement, vitesse. — Accélération.

Réalisation pratique de ces mouvements. — Glissières, charnières, gonds, essieu, paliers, coussinets, tourillons, pivots, crapaudines, vis, écrou.

CHAPITRE III

Changement du système de comparaison. — Position du problème : mouvement absolu, mouvement relatif, mouvement d'entraînement. — Vitesse absolue, vitesse relative, vitesse d'entraînement. — Accélération absolue, accélération relative, accélération d'entraînement. — Th. relatif aux vitesses. — Énoncé du théorème relatif aux accélérations. — Cas où le mouvement d'entraînement est une translation. — Développante du cercle. — Cycloïde, épi et hypo-cycloïde. — Mouvement hélicoïdal. — Composition de deux mouvements rectilignes. — Cas de deux mouvements vibratoires parallèles et de même période. Interférences.

CHAPITRE IV

Applications de la cinématique. — Engrenages cylindriques et coniques. — Crémaillère. — Notions sur les systèmes articulés. — Bielle et manivelle. — Pantographes et inverseurs. — Appareil de Peaucellier.

DYNAMIQUE

CHAPITRE PREMIER

Principes. — 1° Nouvel énoncé du principe de l'inertie ; forces. — 2° Principe de l'action et de la réaction. — 3° Une force appliquée à un point matériel produit le même effet que le point soit en repos ou en mouvement; conséquence : mouvement produit par une force constante. — 4° Principe de l'indépendance des effets des forces. — Conséquences. — Proportionnalité des forces aux accélérations. — Masse. — Unités C. G. S. — Anciennes unités.

CHAPITRE II

Mouvement d'un point libre. — Equation du mouvement. — Chute des corps. — Projectiles.

CHAPITRE III

Mouvement d'un point sur une surface fixe. — Réaction. — Pression. — Mouvement d'un point pesant sur un plan incliné.

CHAPITRE IV

Mouvement d'un point sur une courbe fixe. — Réaction. — Pression. — Pendule simple.

CHAPITRE V

Travail. — D'une force appliquée à un point matériel. — Travail élémentaire, travail total. — Unité de travail. — Travail d'une force constante, d'une force variable. Evaluation graphique. — Travail de la résultante de plusieurs forces courantes. — Force vive (énergie cinétique). — Th. des forces vives pour un point matériel.

CHAPITRE VI

Principe général des forces vives.

Application aux machines. Travail moteur, travail résistant.

Dans toute machine simple en mouvement, si les conditions d'équilibre sont remplies, le travail moteur est égal et de signe contraire au travail résistant.

Résistances passives. — Travail utile. — Travail des résistances passives.

Indication sur l'emploi des volants et des freins.

COURS DE STATIQUE GRAPHIQUE

Définition et but de la statique graphique.

Résultante de deux forces concourantes. — Cas particulier où le point de concours est en dehors des limites de l'épure.

Décomposition d'une force suivant deux lignes données. — Cas général de la composition de plusieurs forces concourantes.

Polygones funiculaires. — Définition et construction des polygones funiculaires.

Cas où le pôle est sur l'un des côtés du polygone des vecteurs ou sur son prolongement.

Cas où les forces sont parallèles.

Polygone funiculaire ouvert ou fermé.

Propriétés mécaniques des polygones funiculaires.

Théorème fondamental. — On ne change pas le résultat final : 1° si on intervertit l'ordre des forces; 2° si on change le point de départ; 3° si on change la position du pôle. — Conséquences et règles pratiques. — Systèmes partiels. — Conditions graphiques d'équilibre d'un système de forces contenues dans un plan.

Conditions graphiques d'existence de la résultante d'un système de forces contenues dans un plan. — Conditions graphiques pour que des forces situées dans un plan se réduisent à un couple. — Résumé.

Composition et décomposition des forces. — Forces concourantes en un même point. — Forces non concourantes. — Forces parallèles : de même sens ou de sens contraires.

Couple. — Equilibre des couples. — Problèmes relatifs aux polygones funiculaires.

Centres de gravité. — Détermination graphique des centres de gravité des surfaces et des volumes. — Applications : fers à double T. — Arbre coudé.

Des moments. — Expression graphique des moments. — Moment d'une force par rapport à un point. — Moment résultant d'un système de forces.

Cas où les forces données sont en équilibre.

Cas où les forces se ramènent à un couple.

Cas où les forces sont parallèles. — Application aux poutres horizontales.

Réaction des appuis. — Effort tranchant. — Moment fléchissant en une section quelconque.

Détermination graphique des moments d'inertie des surfaces. — Moments fléchissants idéaux.

Applications. — Etude des poutres par la statique graphique et de cinq types de grues.

Etude des systèmes articulés. — Définition. — Condition pour qu'une figure géométrique soit strictement indéformable. — Différentes sortes d'appuis. — Réactions. — Détermination des forces élastiques dans les systèmes articulés. — Méthodes de Ritter, de Culmann et de Crémona. — Applications à l'étude de types de charpente, de poutres en treillis de sheds, de potences, de consoles, etc.

PHYSIQUE

Pesanteur. — Notions fondamentales de vitesse, de masse, de force, de travail.

Lois de la pesanteur. — Comparaison des masses.

Hydrostatique et ses applications. — Principe d'Archimède et ses applications. — Poids spécifiques et densités. — Aréomètres. — Pression atmosphérique, sa mesure. — Loi de Mariotte. — Manomètres. — Pompes à liquides, pompes à gaz. — Aérostats.

Chaleur. — Etude de la dilatation des corps solides, liquides et gazeux. — La température, sa mesure. — Dilatation de l'eau. — Loi de Gay-Lussac. — Densité des gaz. — Mesure des quantités de chaleur. — Etude des différents changements d'état des corps. — Fusion et solidification. — Différents modes de production des vapeurs. — Hygrométrie. — Principales applications de la chaleur. — Ventilation. — Chauffage. — Principe de l'équivalence de la chaleur et du travail. — Machines à vapeur et moteurs à gaz.

ÉLECTRICITÉ

Etude du courant électrique. — Lois fondamentales : Ohm, Joule.

Etude des résistances. — Construction des rhéostats et applications diverses des lois d'Ohm et de Joule. — Loi des courants dérivés.

Lampes à incandescence.
Actions chimiques des courants. — Piles et accumulateurs.
Notions fondamentales sur le magnétisme.
Champs magnétiques divers.
Expérience d'Oerstedt. — Galvanomètres.
Actions électromagnétiques et électrodynamiques.
Phénomènes fondamentaux de l'induction.
Machines dynamos et moteurs à courant continu.

OPTIQUE

Lois fondamentales et instruments d'optique.

CHIMIE

Généralités. — Lois de la chimie. — Notions de chimie physique.
Revision des métalloïdes.
Etude des métaux et de leurs principales combinaisons.
Matières premières d'extraction; préparation; usages.
Alliages.
Industries régionales.
Notions générales de chimie organique.
Hydrocarbures. — Alcools. — Éthers. — Corps gras. — Glycérine. — Hydrates de carbone. — Goudrons de houille, de bois.

TECHNOLOGIE

But de la Technologie. — Construction des machines. — Travail de bureau; travail d'atelier : modelage; moulage; ajustage.

I. — Modelage

Construction des modèles (modèles en bois, en métal, en plâtre).

1º *Modèles en bois.* — Question du retrait. — Particularités du retrait de la fonte mécanique, de la fonte malléable, de l'acier. — Retrait des autres métaux (cuivre, bronze). — Conditions générales sur les retraits. — Dépouille et contre-dépouille. — Dépouille naturelle. — Etablissement des modèles en bois. — Modèles en une seule pièce; modèles démontables. — Portées d'assemblage et d'ajustement. — Surépaisseurs à laisser pour le travail des pièces fondues. — Portées à noyaux (ordinaires, montantes, noyaux perdus). — Boîtes à noyaux (bois, métal, plâtre). — Formes à noyaux. — Noyaux, trousses et ajustés. — Planches à trousser. — Construction de quelques modèles courants.

2º *Modèles en métal* (en une pièce, démontables).

3º *Modèles en plâtre.*

II. — Moulage

But du moulage.

Gros outillage général d'une fonderie. — Cubilots. — Ventilateurs pour cubilots. — Etuves. — Appareils de levage. — Appareils pour la confection des sables et des terres à noyaux. — Broyeur pulvérisateur Hauctin; broyeur pulvérisateur Lucop; broyeur à meules tournantes; broyeur à cuvettes tournantes; broyeur diviseur à rouleaux. — Appareils pour mélanger et tamiser le sable humide. — Malaxeur à terres à noyaux. — Machines casse-gueuses.

Petit outillage général d'une fonderie. — Outillage spécial à l'ouvrier mouleur. — Préparation des sables de moulage. — Notes sur les sables à employer dans le moulage. — Sables trop siliceux. — Finesse des sables. — Moulage en sable vert, en sable grillé, en sable d'étuve. — Addition du noir de houille ou noir minéral.

Différents procédés de moulage : 1º Sur modèles en châssis, en fosse; 2º sur plan au trousseau; 3º en coquille; 4º sur machine à mouler (exemples divers sur les différents cas). — Opération de la fusion. — Préparation du cubilot. — Garniture réfractaire. — Préparation du mélange des fontes. — Préparation du coke et des fondants. — Préparation des moules pour la coulée. — Allumage et conduite des cubilots. — Laitiers. — Castine. — Coke convenable pour cubilots. — Détermination de la quantité de vent à introduire dans un cubilot. — Influence nuisible de l'excès de vent insufflé dans un cubilot. — Emploi du vent chaud.

Défauts des fontes moulées : 1° Provenant d'une mauvaise coulée ou d'un mauvais placement des jets et des évents (friasses; reprises; gouttes froides; flous ou cendrures); 2° provenant d'un mauvais emploi ou de la mauvaise qualité des matières employées (soufflures, piqûres, retirures, tassements, dartres, gales ou tacons, bosses).

Soudure de la fonte : 1° à l'aide de la fusion; 2° à l'aide du chalumeau oxyacétylénique (essais pratiques).

Etude des organes généraux de machines

Boulons et écrous. — Arbres et pivots. — Paliers horizontaux et verticaux. — Tourillons et buselures (tourillons coniques, cylindriques, équilibrés, d'appui). — Roulement à billes par plaques annulaires.

Accouplements d'arbres. — 1° Accouplements fixes (manchons à frettes, à plateaux joint de Cardan, double joint de Hoocke, à goujons ; 2° accouplements mobiles (par friction conique, par friction cylindrique, centrifuge, centripète, à embrayage progressif.

Guides et glissières (glissières triangulaires, trapézoïdales, en V, en Λ. — Glissières pour machines à vapeur, de locomotive, pour machine horizontale, à fourreau, pour machines-outils.

Organes de transformation de mouvement

1° *Transformation du mouvement circulaire continu en rectiligne continu.* — Vis et écrous. — Pas de vis. — Forme du filet. — Têtes de vis. — Fixation des vis. — Écrous à tenon, à semelle, échancré, à rappel d'usure.

2° *Transformation du mouvement circulaire continu en circulaire continu.* — Engrenages. — Poulies (folles et fixe). — Poulies et cônes de friction.

3° *Transformation du mouvement circulaire continu en rectiligne alternatif et réciproquement* :

a) *Manivelles.* — Ordinaires. — Motrices. — Contre-manivelles.

b) *Arbres coudés.* — Généralités. — Différents types. — Construction.

c) *Excentriques.* — Assemblage des colliers et des disques. — Disques. — Colliers et barres. — Généralités.

d) *Plateaux-manivelles*. — Ordinaire, interchangeable, à rainure diamétrale, réglable par vis.

e) *Bielles*. — Différents types. — Généralités.

f) *Crosses de pistons*. — Différents types. — Généralités.

g) *Pistons*. — De machines à vapeur, de moteurs à gaz, de pompes, de marteaux-pilons. — Garnitures des pistons.

4° *Transformation du mouvement circulaire continu en circulaire intermittent*. — Rochet et cliquet.

5° *Transformation du mouvement rectiligne alternatif en circulaire intermittent*. — Rochet et cliquet. — Dispositifs adoptés.

Mécanismes de variation de vitesse

1° *Variation de la vitesse en grandeur*. — Poulies étagées ou cônes à gradins. — Renvoi à une seule vitesse par poulies. — Renvoi à deux vitesses par poulies. — Cônes lisses et cônes dentés. — Redoublement ou double harnais d'engrenages. — Débrayage du double harnais par tourillon excentré. — Débrayage du double harnais par débrayage à griffes. — Débrayage du double harnais par friction conique. — Trains épicycloïdaux ou roues planétaires. — Double harnais à l'intérieur du cône à gradins.

2° *Variation de la vitesse en direction*. — Par courroies. — Par engrenages droits. — Par poulies et engrenages droits à l'aide d'une seule courroie (engrenages extérieurs, engrenages extérieurs et intérieurs). — Par poulies et engrenages coniques à l'aide d'une seule courroie. — Par pignons cônes et embrayage à griffes pour deux arbres parallèles. — Par pignons cônes et embrayage à griffes pour deux arbres à axes perpendiculaires. — Par pignons cônes et frictions coniques pour deux arbres à axes perpendiculaires. — Application au changement de marche d'un plateau de raboteuse par vis sans fin à l'aide d'une seule courroie.

3° *Variation de la vitesse en direction et en grandeur, en changement de marche à retour rapide*. — Coulisseau angulaire. — Manivelle excentrée. — Par courroies. — Par engrenages coniques à l'aide d'une seule courroie pour deux arbres à axes perpendiculaires. — Par engrenages coniques pour deux arbres obliques. — Par pignons cônes et embrayage à griffes. — Application au changement de marche d'un plateau de raboteuse par vis sans fin avec retour rapide.

Mécanismes employés pour le déplacement des courroies en marche. — Fourches à glissement et fourches réglables. — Fourches à pivotement. — Débrayages à crémaillère.

Organes de machines à vapeur

a) *Presse étoupes.* — Différents types.

b) *Clapets.* — A soulèvement angulaire, métalliques, en cuir, en caoutchouc.

c) *Soupapes.* — Généralités. — Soupape avec garniture en cuir. — Soupape sphérique à boulet. — Soupape clapet d'arrêt de vapeur. — Soupape clapets multiples à billes. — Boîte de distribution d'une pompe alimentaire. — Soupape de retour d'eau. — Soupape atmosphérique. — Clapet à décollement automatique. — Soupape Girard. — Soupape à ressorts pour pompe à air.

d) *Robinets de prise de vapeur.* — Soupape de prise de vapeur. — Application aux freins Westinghouse.

e) *Soupapes de distribution de vapeur.* — Soupapes équilibrées. — Soupapes de Cornouailles. — Soupape double américaine. — Soupape Sulzer. — Soupape à double sièges.

f) *Soupapes de sûreté.* — Soupape à ressort (les autres types sont étudiés dans le cours de machines à vapeur et chaudières).

g) *Robinetterie.* — Robinet à boisseau. — Robinets à deux voies. — Robinets à trois voies. — Robinets graisseurs. — Robinets vannes. — Valve de régulateur.

h) Joints pour eau et pour vapeur.

k) Tuyaux pour conduites d'eau et de vapeur.

Tracé pratique des engrenages

Etude des différentes parties d'un engrenage.
Pas et module.
Tracé géométrique des courbes nécessaires au tracé des engrenages (cycloïde, épicycloïde, hypocycloïde; développante de cercle).
Tracé d'un profil par rapport à un autre profil existant (méthodes de Poncelet et de Reuleaux. — Lignes et étendue de l'engrènement).
Tracés cycloïdal et à développante de cercle pour engre-

nages extérieurs, pour engrenages intérieurs, pour pignons et crémaillères.

Tracés de Willis.

Avantages et inconvénients de chacun d'eux.

Dangers des arcs-boutement.

Tracé des engrenages côniques pour arbres perpendiculaires et pour arbres obliques situés dans le même plan.

Engrenages hélicoïdaux pour arbres perpendiculaires et pour arbres obliques non situés dans le même plan. — Engrenage hélicoïdal et vis sans fin. — Engrenages elliptiques. — Engrenages hyperboloïdes. — Engrenages à dentures de bois. — Engrenages à chevrons ou sans frottement, de Witt. — Engrenages spéciaux (cuir, papier, etc.). — Méthode employée pour la construction des boîtes à noyaux et le tracé de l'épure devant servir à la fabrication des engrenages en fonderie.

COURS DE DESSIN

Croquis d'éléments de machines (croquis cotés à main levée).

Mise au net de ces croquis (pièces détachées et ensemble).

Analyse et synthèse de dessins industriels.

www.ingramcontent.com/pod-product-compliance
Lightning Source LLC
LaVergne TN
LVHW052102090426
835512LV00035B/949